红色记忆® 35

虎口夺粮

海南省文化交流促进会　编

南海出版公司

2014・海口

图书在版编目（CIP）数据

红色记忆．第1辑．35 / 海南省文化交流促进会编．
-- 海口：南海出版公司，2014.7（2025.1重印）
ISBN 978-7-5442-7207-0

Ⅰ．①红… Ⅱ．①海… Ⅲ．①革命传统教育－中国－青少年读物 Ⅳ．①D642-49

中国版本图书馆CIP数据核字（2014）第136732号

HONGSE JIYI · DI 1 JI · 35

红色记忆·第1辑·35

作　　者　海南省文化交流促进会
总 策 划　刘　栋
顾　　问　贾延岩
执行总编　任在齐　张　桐　张爱国
责任编辑　聂　敏
封面设计　郑广明
排版印务　吴　雪
发行总监　杨成春
出版发行　南海出版公司　电话：（0898）66568508　66568511
社　　址　海南省海口市海秀中路51号星华大厦五楼　邮编：570206
电子信箱　nhpublishing@163.com
经　　销　新华书店
印　　刷　天津睿意佳彩印刷有限公司
开　　本　787毫米×1092毫米　1/16
印　　张　6.25
字　　数　100千字
版　　次　2014年7月第1版　2025年1月第2次印刷
书　　号　ISBN 978-7-5442-7207-0
定　　价　39.80元

对历史无知的人，没有真正的信仰可言；没有信仰的人，不可能拥有美好的理想，不可能胸怀崇高的情感，也就不可能担负起任何责任。用欲望文化代替历史教育，足以使一个国家的青年被腐蚀、使一个民族的希望被毁掉，使这个国家和民族被永世万代地奴役！

鉴于此，我们呼唤历史，唤回那段属于二十世纪的“红色”历史，唤回那段炮火硝烟、颠沛流离的历史，唤回那冲天的狼烟留下的悲壮回忆、岁月年轮沉淀的斑驳痕迹。历史不应该被忽略，更不应该被遗忘，牢记那段革命战争年代的红色历史更是责任。为了那些不应该被忘却的记忆，为了那些不应该被丢弃的信念，于是就有了这套《红色记忆》丛书。

曾记否，当草鞋与意志丈量出来的两万五千里穿越一个伟大民族五千年的荣辱兴衰，革命的火种被一路播撒、一路点燃。人迹罕至的雪山、荒无人烟的草地被鲜血浸透，衬映出一段光辉的里程；万水千山早已被远远地抛在身后，一轮红日在黄土高原磅礴而起。满目疮痍的河山在1936年10月温暖如春……

曾记否，当生命和鲜血浸染的十几年光阴将一种记忆铭刻进一个伟大民族的历史画卷，革命的火焰从星火到燎原。这栏杆拍遍、易水悲歌般的呼号，这折戟沉沙、慷慨赴义的悲壮，这铁马冰河、枕戈待旦的苦战，这红旗漫卷、所向披靡的豪迈……腔腔热血、铮铮铁骨早已被熔铸成一座不朽的丰碑，中华民族从苦难中百死后生的壮丽诗史凝结成了五星闪耀的红色记忆。

曾记否，中华人民共和国成立以来，又有无数英烈接过前辈用鲜血染红的旗帜，或壮怀激烈戍边卫国，或忠于职守鞠躬尽瘁，或绝甘分少奉献大爱，甘做国家强盛、人民富裕的铺路石，成为和平年代民族复兴的荣光，把人民心中的红色记忆浸染得分外鲜艳，永不褪色。

这红色记忆，是信念不衰、志向不改的崇高气节；这红色记忆，是无私无我、生属苍生的博大胸怀；这红色记忆，是敢为人先、披荆斩棘的拓荒精神；这红色记忆，是中华民族最宝贵的精神财富。它告诫我们，人事有代谢，传承无绝期。缅怀先烈精神，继承先烈遗志，是社会的道德和民族的良心，是后来者须臾不可忘怀的本分。

老一代人把历史的真实交付给我们，我们有责任用真实还原历史，传承给下一代，把那段岁月与现在年轻人的生活连接到一起，使他们眼中的历史变得立体、真实、可靠，让历史成为他们前进的动力。本丛书将那些流动的、随时会飘散在时间天际的事件凝固下来，希望透过这些文字、图片，感受到英雄们那坚定的革命信念，感受到那个年代澎湃的革命激情，真切体会那段“红色历史”。

忘记历史，就意味着背叛。让我们重温历史，缅怀先烈，从中汲取力量，毅然前行。

刘栋

目录

CONTENT

目录

CONTENT

罗荣桓在山东指挥抗战

文／杜辉升　付金伟

罗荣桓率部挺进山东

1938年前，中国共产党领导的山东正规部队很少，地方武装的军事素质也较差，鉴于山东地理位置的重要性，毛泽东决定派部队到山东去。1938年，为了避免国民党当局的干扰和阻挠，一一五师的六八五团以护送八路军总部首长去徐州开会为由，进入湖西地区。

同时，萧华又以八路军一一五师东进支队的名义带领一支部队进入鲁西北地区。接着在1939年初，一一五师代师长陈光和政委罗荣桓准备带领一一五师师部和六八六团挺进山东，开辟抗日根据地。

就在此时，罗荣桓妻子林月琴生下一个儿子。想到丈夫即将带部队出发，林月琴就让罗荣桓给取个名字。罗荣桓看了一眼孩子，就说叫“东进”吧！这就是罗东进名字的来历。

罗荣桓率部队进入山东后，先是在鲁西南，后来又转战到鲁中及沂蒙山区。到1939年五六月时，妻子林月琴带着罗东进跟随徐向前、朱瑞的那批部队进入山东。由于当时山东形势很严峻，部队经常转移，林月琴无奈中只好把出生不久的罗东进寄养在当地老乡家里。

1940年前后，林月琴请杨勇将军把罗东进从鲁西南带到沂蒙山区来。当时山东局势不太好，要穿过敌人封锁线，还要带这么个孩子，怎么办？杨勇将军就找了一个挑夫，一头放罗东进。那另一头怎么办呢？路上要吃东西，正好那个地方在肥城一带，桃子成熟了，就装了一筐桃，路上孩子要是饿了，便拿个桃子给他吃。就这样，罗东进被带到了沂蒙山区。

在沂蒙山区，罗东进还是时常被放在老乡家里。因为日军经常“扫荡”，所以罗东进在很多人的家里都待过，包括在“沂蒙母亲”王换于家。直到1945年，罗东进六岁时，才随部队经烟台去了东北。

“留田突围”创造奇迹

在长期的军事生涯中，罗荣桓以他的用兵如神创造了很多奇迹，其中留田突围就是其中之一。

1941年11月初，日军聚集了五万多日本兵和伪军，开始对沂蒙山区进行“大扫荡”，并盯住了留田村（位于现沂南县张庄镇）。当时一一五师的师部及战工委（相当于省政府）都在留田村周围，而当地的作战部队只有一个警卫营，总人数共有三千多人。敌人在飞机、坦克、大炮的配合下，由临沂、费县、沂水、莒县等地兵分十一路，气势汹汹地向留田扑了过来。敌人很快就把留田团团围住了，而且还在逐渐缩小包围圈，情况万分紧急。

当时，一一五师的陈光、山东分局的朱瑞等都在，大家讨论向哪个方向突围，共提出了四条意见：一是东过沂河、沭河，进入解放区的滨海地区，但是这个方向或许正是敌人埋伏的一个口袋。二是向北，因为当时山东纵队也突围出去了，在北边蒙山一带，但是这个方向是国民党部队的防区。皖南事变后，国共关系比较紧张，突围到那里也容易受到日军和国民党军的夹击。三是向西进入蒙山，但这个方向有铁路线和封锁线，敌人力量很强。四是分散突围。当时大家提了这四条意见，唯独没提出向南，因为南面是临沂，是敌人的后方，而且据说当时驻中国的派遣军司令畑俊六就在临沂。

而罗荣桓的意见恰恰是向南，向南到临沂，到敌人的大本营去。他认为，那里是敌人的后方，敌人主力出动，其后方必然空虚，也是敌人最容易忽视的方向。最后，这支三千多人的部队利用晚上，悄无声息地不费一枪一弹，没有牺牲一个人，就穿过了封锁线，跳出了包围圈。

当时随部队一起走的一位德国进步记者，也是德国共产党员，叫汉斯·希伯。汉斯·希伯对罗荣桓精湛的军事指挥艺术赞叹不已，他把这件事写了下来，即《无声的战斗》。

1939年1月，陈毅、粟裕与来新四军工作的外国友人在军部合影。左起：德国记者汉斯·希伯、陈毅、加拿大护士琼·尤恩、粟裕、美国记者史沫特莱

罗荣桓

罗荣桓与妻子林月琴

毛主席说"翻边战术"不是战术，是战略

留田突围是罗荣桓"翻边战术"的集中体现。

当时，由于一一五师刚到山东，根据地狭长且很小，当时形容根据地为"东西一条线，南北一枪传"，也就是说，遇到敌人时根本就没有回旋余地，如果仍按照内战时打运动战的方法，就难以突破敌人的包围。

因此，罗荣桓就提出了"翻边战术"，即不把主力部队设置在根据地的腹部，而是部署在靠近一路敌人的根据地边沿地区。当敌人开始"扫荡"时，不是"敌进我退""诱敌深入"，而是"敌进我进"，即在弄清敌人特别是当面之敌的动向后，趁敌人包围圈尚有较大空隙时，选择敌人包围圈薄弱处，跳出根据地，"翻"到敌人后方去，袭扰敌后方，打乱敌之部署，以达到粉碎敌人"扫荡"的目的。

据说，这种战术刚刚提出时，许多不了解情况的人都不理解，因为毛泽东说的是"敌进我退"，并没有说过"敌进我进"。有一次，在总结经验时，罗荣桓将此总结为"敌进我进"，并把这一做法写下来。当时的大众日报社社长陈沂看到时，以为罗荣桓是笔误，就将其改为"敌进我退"。罗荣桓看了后，又改了回去，并解释：山东的根据地太小了，又不稳固，无地可退，所以敌人来了，他的后方肯定就空虚了，那就到他的后方去。

1942年，罗荣桓正式提出"翻边战术"后，又在日伪军合围鲁中根据地之际，"翻"到滨海南部，组织了海陵、郯城战役，连克海陵、郯城、码头，粉碎了敌人1942年"冬季大扫荡"。毛泽东在了解这一情况后，对这一做法给予了高度评价，认为"翻边战术"不是战术，而是战略。

五个职务兼一身

在1942年以前，由于种种历史原因，山东的领导思想上一度存在不够统一的问题。有的同志认为，山东的共产党武装力量在质量和数量上都取得了初步优势，已能同日伪军相持。尤其是百团大战后，部分同志甚至提出能否搞个百连大战。罗荣桓从山东实际出发，认为我军对日伪军还处于劣势，还是应该扎根群众，把根据地建设好。

为了统一山东抗日斗争的指挥，1941年8月，中共中央指示：组成新的山东军政委员会，由罗荣桓任书记，山东纵队由一一五师首长指挥。1942年1月，中央军委又指示：一一五师指挥全山东的部队。

1942年前后，罗荣桓率领一一五师在山东的滨海、鲁中、鲁南、冀鲁边等地区坚持敌后游击战，不断打击敌人，壮大自己。他认为，在抗日战争的整个相持阶段，山东敌后均应坚持游击战的方针。罗荣桓的这种做法得到了中央的认可，尤其是自从刘少奇到山东主持总结了四年的工作以后，山东的领导思想逐渐统一。为了进一步做到组织上的统一，1943年3月，中共中央决定组建新的山东军区，任命罗荣桓为山东军区司令员兼政治委员、八路军第一一五师政治委员兼代师长，到秋季又任命罗荣桓为中共山东分局书记。就这样，在抗战后期，罗荣桓在山东已经是党政军一人兼任五个职务。但此时，罗荣桓身患严重的肾病，中央仍希望他负起重任。于是，他便抱病受命。从此，在山东建立

为中共七大修建的中央大礼堂

1945年，山东的正规部队发展到二十七万人，约占当时中国共产党领导的军队总数的百分之二十二，地方武装也发展到五十万人，群众达到二千七百多万，除了青岛、济南、枣庄这些沿着铁路线的大城市以外，解放区基本连成一片。

了统一的军事领导中心，解决了武装部队统一指挥问题，山东抗日斗争的局面也随之发生了变化。

山东抗战发展

“我告诉你一个细节，你可以查查‘七大’的会场图片资料，主席台两边条幅的落款，一边是陕甘宁边区，而另一边就是山东军区，由此可见山东军区在当时的重要性。”罗东进将军说。到1945年中共召开七大时，党在山东领导的武装力量已和1939年时不可同日而语。

一一五师主力部队挺进山东，创建了鲁南、鲁西等抗日根据地，并与华中、湖西、鲁中、鲁东南根据地建立了联系通道，打开了山东抗战的新局面。资料记载，红军改编为八路军时，一一五师全师一万五千五百人，入鲁部队万余人。1943年3月，新的山东军区成立时，一一五师已发展到七万人，山东纵队（山东军区）六万余人。

山东实行以罗荣桓为中心的一元化领导后，形势更是发生了很大变化。到

山东在抗战初期和中期本是华北诸省中伪军最多的省份，也是日军重点守备的地区。但经过艰苦奋战，到1945年8月，这里已成为一块由我党领导的比较完整的战略区。所以山东也成了解放战争的一个出发点，一个前进基地。抗战胜利后，由山东向东北进发的部队六万多人，与新四军一部及其他部队，相继编为东北人民自治军、东北民主联军、东北人民解放军、东北野战军，1949年春，又改编为第四野战军。山东还有两个纵队编入刘邓大军，也就是后来的第二野战军。剩下的人和新四军汇集在一起，就是后来的第三野战军。当时王震带领一个南下支队，打了一圈以后损失很大，也来到了山东，在渤海地区补充了三个团以后，又回到了一野，这三个团的编制目前还在新疆生产建设兵团。所以，山东人民对抗日战争和解放战争是作出巨大贡献的。

（本文选自《大众日报》）

李克农在桂林“八办”的传奇斗争

文/庚　晋

李克农

八路军桂林办事处（简称“八办”），又称“国民革命军第十八集团军桂林办事处”，亦称“第十八集团军驻桂通讯处兼新四军驻桂通讯处”，位于桂林市中山北路，坐落于桂林著名风景区叠彩山与明靖江王城之间。1938年11月下旬，周恩来根据中央指示，与国民党桂系协商，在桂林设立了八路军办事处，李克农以南方局秘书长的身份，坐镇桂林全权负责，对外称“八路军桂林办事处处长”。

前期工作进展顺利

1938年11月初，周恩来从武汉撤往长沙途中，巧遇桂系首脑之一、军委会副参谋总长白崇禧。当时白崇禧的车坏了，于是被周恩来叫上了车。在车上，周恩来提出在桂林建立八路军办事处的要求，白崇禧点头应允。11月下旬，李克农一行抵达桂林。

先期前来桂林打前站的刘恕首要任务是找房子。由于广西当局对共产党采取了严密的防范措施，广西地下党处于极其秘密的状态，要与他们取得联系十分困难。刘恕左思右想，终于想起了在上海时认识的吴淞铁路工厂的钳工老张，听说老张已随工厂迁到桂林。刘恕终于在工厂门口找到了老张，向他说明，想在桂林租用几间房子。老张一听十分高兴，说：“我的一个朋友在广西银行当经理，通过他或许可以找到。”

这样，经过经理介绍，刘恕租下了万祥糟坊老板黄旷达先生的一幢两层小楼。接着他又到阳朔附近，租了七八间民房作为仓库用。又到距市区数公里的莫北村和金家村租了几间民房，准备作为电台及招待、安置家属使用。此后，他又到旧货摊上买了一些旧家具，准备

李克农

迎接李克农等人的到来。

在李克农到达桂林前，白崇禧已派秘书谢和赓先期从南岳返回桂林，向省主席黄旭初转达了白崇禧在武汉撤退途中与周恩来商定的口头协议，以便使黄旭初放下心来，对李克农以礼相待。口头协议的内容是：桂系同意中共在桂林设办事处，中共表示“不挖桂系墙脚”，既不在广西发展共产党，也不在桂系的军队中发展共产党。谢和赓还特别强调了白崇禧的意见：广西当局要保证八路军办事处的安全。黄旭初闻言，双眉紧锁，他疑惑地望着谢和赓，说：“德公、健公离开广西时专门交代，要防止蒋介石、共产党势力渗入广西，现在却要放共产党进来，白老总究竟是什么意思？”

谢和赓笑着说：“黄主席，现在国共已经合作抗战了，中共也无非是在这里建一个小小的办事处，且保证不挖我们的墙脚，难道他们能比老蒋对我们的威胁更大吗？联共抗蒋，以保广西，这是我们早就定下的方针，难道黄主席忘了吗？”

闻听此言，黄旭初如梦初醒，心中暗想：“还是健公考虑周详，老蒋时刻都想吞并广西，团结共产党对抗老蒋，太妙了！”

李克农舌战黄旭初

李克农掌握了黄旭初的复杂心态后，就在桂系民主派人士陈此生的陪同下，主动到王城八桂厅拜会广西省主席黄旭初。宾主落座后，李克农落落大方地寒暄道：“久闻主席大名，今日亲见不胜荣幸。本办借贵方一片宝地，想为抗战尽些微薄之力，诚望主席多多关照！”

黄旭初看着李克农那乌黑的头发、浓密的胡子，特别是眼镜后面那双深邃的目光，对这位“八办”处长的儒雅风度和轩昂气宇留下了深刻的印象。他轻松地回答：“关于贵办之事，德邻（李宗仁）、健生（白崇禧）已有交代，如有难处卑职自当效力。国共合作，共同抗日嘛。”两人边品茗，边随意地交谈起来。当谈及广西时局时，黄旭初面部严肃，语言滞塞，他以为广西最大的问题仍是“共党的内乱”。而作为初次见面的客人，李克农当然耐心恭听，但也不时巧妙地宣传我党的抗日主张，表示希望与广西父老一道团结抗日，共赴国难。

尽管事先已经得到白崇禧的关照，老谋深算的黄旭初仍对共产党在桂林设立办事处忧心忡忡，总想探清其底细。黄旭初不解地问：“贵军现在正在冀鲁豫一带赴命抗日，前方人手甚紧，为何还要在此设办事处？”“主席为领兵之将帅，殊不知没有前方哪有后方，正如德邻、健生在前方用命，你在后方管家一样的道理。”“据我所知，八路军乃是共

产党所领导的部队，那‘八办’是不是共产党的机关呢？”“现在乃国共合作时期，大敌当前，国共一家，枪口一致对外，要说有什么机关也是抗日的机关嘛！”“这么说来，贵办该是共产党的秘密机关。”“八路军乃委员长亲自授予的番号，是全世界都知道的抗日队伍，岂能是共产党的秘密机关？”“那贵办有没有共产党呢？”作为红军谈判专家，李克农素以机智沉着、善于应对著称，他不慌不忙、镇静自若地回答：“有是有的，但不会找你们的麻烦。如果说没有共产党，那是骗你，我就是嘛！”

黄旭初没料到李克农如此坦诚、痛快，吃惊得竟一时不知作何答复。他心中暗想：“人称李克农是共产党的谈判专家、八路军中难得的干才，今日相见，果真名不虚传。他既然当面保证不找广西的麻烦，我们也决不能对他们无礼。”想到这儿，他笑了笑，对李克农说：“八路军在桂林设办事处，健公已向我通报了。欢迎你们支持广西团结抗战，卑职一定会在职权范围内向贵军提供方便，并保护你们的安全。”

李克农从黄旭初的八桂厅回来后，在桂北路 138 号黄旷达的万祥糟坊门口，公开挂出了“第十八集团军桂林办事处”的牌子。

干出惊天动地的事情

办事处建立之初，工作人员主要集中在黄旷达的两层小楼里。这里设有办事处的公开电台，李克农亲自坐镇指挥，城北数公里的莫北村及金家村的民房，主要用来安置过往同志及“八办”家属，办事处与中共中央、南方局联系的秘密电台就设在这里。此外，在城郊还设有办事处的军用仓库，从国民党方面领取的军用物资都暂时存放在这里；一些海外华侨向八路军、新四军捐赠的物资，也经常暂存于此，以便再转运。

李克农依靠桂林八路军办事处二十多位同志，在极其复杂而险恶的环境中干出了惊天动地的事情。当时除了解放区延安以外，桂林文化城实际上成为中国共产党所领导的国统区抗战文化最主要、最活跃、最有成效的中心阵地。当时桂林的文化事业空前繁荣，首先突出表现在文人荟萃、人才济济。据统计，当时集结在桂林的文化人士有一千多名，其中闻名全国的近两百人。这批文化人士，作为桂林文化城的中坚力量，组成了一支强大的队伍，积极开展抗战文化运动。其次，团体众多，宣传活动卓有成效。当时在桂林的进步文化团体多达三四十个，这些团体开展的各种抗战文化活动规模较大，影响很广。再次，报纸杂志猛增，出版事业繁荣。据不完全

桂林八路军办事处

统计，当时共有书店、出版社七十九家，印刷厂一百零九家。当时有影响的文化供应社、生活书店、新知书店、读书生活出版社等深受社会广泛欢迎。

中共南方局机关也曾一度在此办公。其主要任务是宣传我党的抗日方针，团结广西桂系与其他爱国民主人士及各阶层人民，组织广泛的抗日民族统一战线，联络湘、赣、粤、桂及香港交通，为我军筹集、转运抗日军需物资，输送爱国人士及青年到延安和我方抗日前线，等等。

八路军桂林办事处设立的两年多的时间里，接待过我党老一辈革命家周恩来、叶剑英、徐特立、叶挺、夏衍，著名国际反法西斯战士、越南共产党领袖胡志明，以及日本著名反战作家鹿地亘、美国进步作家史沫特莱等人。周恩来曾三次来到桂林，指导南方游击战争。叶剑英还在桂林各地演讲，宣传我党的抗日主张，巩固和扩大抗日统一战线。

在两年多的时间里，八路军桂林办事处克服了各种困难，先后为前线提供

枪支弹药、医疗药品器械、通信器材、汽车汽油、军衣棉被和发电机等物资达一百多车次，输送各类人才一千多人。同时还领导组织了抗日救亡文化运动，并向海外辐射，直接促进了中国抗战文化与世界反法西斯文化的交流。

工作极其严密

桂北路138号的这幢楼房开了两个大门，左边是八路军办事处的大门，右边是房东黄旷达卖酒的大门。进门的堂屋是一个曲尺形的柜台，柜面露着大酒坛的口子。八路军办事处成立后，一度使黄旷达的买卖兴旺起来，许多人来买酒是出于好奇，想瞧瞧八路军究竟是什么样子。

当时，桂林作为广西省会，各派政治势力都极力渗透，政治局面极为复杂。国民党特务机关在办事处附近设立了活动据点，对办事处进行日夜监视。他们还常常化装成小生意人、鞋匠、人力车夫、板车夫等角色，终日散布在办事处周围，只要办事处人员一外出，他们就暗地里跟踪、盯梢。有时，他们还公开在大街上给办事处人员制造麻烦，刁难寻衅。

八路军办事处在特务们的眼皮底下活动，而这里却是中共中央与南方各省、香港及海外联络的枢纽，党的文件和情报在这里中转传递，新四军及南方各省党的各级干部也常从这里过往；同时它还直接领导着各地迁到桂林的文化单位、救亡团体的党组织及党员，一些单线联系的秘密党员也受这里的李克农领导。在国民党特务严密监视的环境中工作，稍有不慎，便会给特务们以可乘之机，让桂系抓住把柄，不仅影响党对桂系的统战工作，而且也会给各地党组织带来重大损失。长期从事白区工作、在斗争中积累了丰富经验的李克农足智多谋，他采取种种办法战胜困难，出色地完成了任务。

他规定，八路军办事处所有工作人员必须严守党纪、军纪，做好保密防奸工作，每天废纸篓中的碎纸，即使是不重要的，也要由值班人员监督烧掉。没有组织的批准，不准将陌生人带进办事处，更不允许将文件随便带出办事处。

为了对付特务的监视，李克农规定，办事处人员穿军装时，就从办事处的大门出去，穿便装时就混在来糟坊做酒生意的顾客中出入。来八路军办事处联系

或是汇报工作的，也都装作买酒的顾客从糟坊出入，使特务们无法辨认，便于摆脱盯梢和跟踪。李克农本人也经常利用参加宴会等公开方式，与秘密党员进行联络。

车轮上的“战争”

为了便于开展活动，李克农设法搞到了一辆很阔气的小汽车，通过桂系上层的关系，挂上了国民党航空司令部的牌照。国民党方面见到这种牌号的高级汽车，都不敢刁难。利用这部汽车，他摆脱了国民党军警特务制造的麻烦，接送了大批干部和同志。有时躲避空袭或执行紧急任务，遇到人群拥挤、交通堵塞，国民党军警看到这样高级的汽车，以为是国民党的高级官员驾到，急忙上前开路，让车子顺利通过，大大便利了八路军办事处的工作。

使用小汽车的机会和场合毕竟是有限的，大部分任务还要靠办事处人员步行出去执行。由于特务的严密监视，有时派出执行任务的同志早上出去走了一天，也甩不掉尾巴。后来，李克农决定改骑自行车出去执行任务，这样即使被特务盯上了，也会很快甩掉。这一招果然灵验，望着八路军办事处工作人员骑着自行车扬长而去，特务们只能望尘莫及。

但很快，特务们也装备上了自行车。你骑自行车出去办事，特务便骑上自行车盯梢，在大街上展开了别开生面的“自行车赛”。

李克农启发大家多动脑子，再想出摆脱特务跟踪的办法。办事处人员常常把自行车早早就准备好，大门一开便冲出去，特务们措手不及，跨上自行车追来时，办事处人员早已跑得无影无踪。有时办事处人员冲出来后，特务们在后边拼命追赶，他们便与特务们在大街小巷里兜圈子，直到看见没有人盯了，才去执行任务。特务们发现这个规律后，便也做好了准备，你一冲出门，他就紧紧地跟上，死咬住不放。李克农又想出了新办法，命令几个同志一块骑自行车冲出大门，东、南、西、北四面奔走，在特务们不知跟谁走的情况下，谁甩掉了尾巴，谁就去完成任务。这个办法果然十分有效。

“八办”撤离桂林

1941年1月6日，国民党顽固派悍然发动了震惊中外的皖南事变，掀起了第二次“反共”高潮。由于八路军桂林办事处政绩卓著，引起了蒋介石的忌恨，成了他们封闭的主要目标。从空中到地上，从桂林到重庆，国民党特务组织了严密的封锁线，设置了重重关卡。

中共中央和在重庆的南方局十分关注李克农及桂林“八办”的安危，周恩来连发数电，向李克农通报了严峻的时局，指示他在紧急疏散民主文化人士后，迅速撤回重庆。1941年1月21日，李克农带着一辆小汽车、一辆卡车，满载着物资和撤离人员，在广西省政府小车的引导下驶出了办事处大门。国民党军统特务瞪着眼睛，眼睁睁地看着李克农的车从他们身边驶过。

桂系的“礼送出省”政策，加之国民党特务慑于桂系的屡屡劝告，在桂系的势力范围内不敢造次，因此，李克农一行在广西域内未遇到太大的麻烦，很快便到了贵阳。

国民党一个上校特务奉命来见李克农，表面上非常客气，请李克农一行留下多住几天，帮助贵州军界出谋划策，

重庆八路军办事处

并慷慨表示从经济上提供资助。李克农一眼看穿了他们的诡计。原来国民党特务早已奉命在此截留李克农，但因惧怕他的声名，同时李克农手中各种证明、通行证俱全，怕贸然扣押影响太大，所以借口留李克农在此“指导工作”，以向八路军学习、请教为名，将李克农留下来，等待时机再下手。特务头目先陪李克农吃饭，然后派人跟踪。

李克农则以观看城市风光为名，悠然地步入街头，把贵阳的地形牢记在脑中。国民党特务的防守渐渐松弛了，他们甚至感到李克农和蔼可亲，渐渐与他亲热起来。第三天早晨，趁国民党特务们都还在睡梦中，李克农神不知鬼不觉地带着两辆汽车悄然离开了贵阳。

李克农一行经过重庆南大门的交通检查站（一品场检查站）时，戴笠的心腹干将、军统特务头子之一的上校韦贤误将他们视为十八军（陈诚的嫡系，蒋介石的“御林军”）的人，搭乘他们的车辆去重庆海棠溪开会，才一路过关斩将，安全抵达红岩嘴八路军重庆办事处。

具有讽刺意义的是，在特务上校韦贤去海棠溪参加的会议上，戴笠又着重强调要严格检查，阻截“八办”撤退人员的车辆。然而他做梦也不会想到，他煞费苦心要截留的八路军总部秘书长、桂林办事处处长李克农，早已由他的心腹干将护送到了重庆八路军办事处！

（本文选自光明网）

记叶军长指挥的皖南反“扫荡”

文 / 甘桐文

叶　挺

1940年10月初，日军华东派遣军集结从苏南调来的第十五师团、第十七师团和在杭州的第一一六师团的各一部，计七千余人，还有汪伪军两三千人，总计一万余人，组成步、骑、炮、空联合兵种，由日军号称“常胜将军”的三木石太郎任总指挥官，采取三路合击的战术，气势汹汹地对皖南地区实行秋季的“大扫荡”。其中一路五千余人，由南、繁向云岭方向进犯，妄图摧毁新四军指

挥枢纽的大本营——新四军军部。

10月2日，天刚蒙蒙亮，一阵阵轰隆隆的炮声，如长空雷鸣般震撼着寂静的山村，一颗颗炮弹像天上的流星划破宁静的夜空。日军装备三八式野炮和九二步兵火炮，上有飞机掩护、下有骑兵开道，从东北方向的三里店、田坊呼啸而来，大有一举歼灭我军之势。为粉碎这次“扫荡”，在繁、铜前线的我三支队正严阵以待。在云岭周围，我军侦察科科长谢忠良事先已摸清了敌人的企图，叶挺军长已亲自察看了地形，制定了作战方案，命一团和三团为主力，设伏于三里店、汀潭一线有利地带，以出其不意的连续袭击，挫其锐气后一举而歼之。能否保卫皖南人民的安全，能否保卫军部的安全，这一战将是一次严峻的考验。

叶　挺

云岭群山环抱，山峦叠翠，白云缭绕，流水潺潺。春天，各种山花满山遍野；盛夏，“绿云万亩听蛙声”；深秋，金色的田野与青色的山峦相媲美；隆冬，银装素裹分外妖娆。云岭的山势，峰峦起伏，地形险要。攻能居高临下，消灭敌人；守着深山密林，屏障重重。我军设伏的三里店与汀潭沿线更是地形绵亘，树林成片，便于隐蔽。

面临严重局势，叶军长一马当先，率指挥所和特务营，与周子昆副参谋长一道亲临前线指挥作战。3日无战事。4日午，敌骑兵首先进入伏击圈，叶军长指挥我军伏击之主力，给来敌以迎头痛击。敌人被我军打得人仰马翻，横七竖八倒在路旁，更恼羞成怒，集结主力向三里店东螺丝桥进犯，又进入叶军长事先布设的第二伏击圈。我军诱敌军进入地雷区，其死伤一片，后再遭我军勇猛突袭，于是抱头鼠窜，而我军歼敌数百、伏击成功后按预定计划迅速转移。叶军长又料其必攻汀潭，于是决心在此沿线处处布疑，层层设伏，以“麻雀战”与敌周旋，消耗其兵力。翌日清晨，硝烟弥漫，尘土飞扬，果不出我军所料，日军向我阵地乌龟岭扑来，待其占领后，才发觉阵地无一兵一卒，全是伪装工事。日军上当后又扑向村东合梁桥。我守桥部队遵叶军长命令，佯装抵挡，向大岭撤退，诱敌追击。日军也察觉我军意图，过桥后调头直追汀潭，以便直奔并迅速拿下云岭。我守桥营长大骂敌人狡猾，立令全营急杀“回马枪”，火速向东山跑步进击。此刻，敌人近两百轻骑，犹如长蛇，浩浩荡荡，趾高气扬，以为拿下云岭就在眼前。他们万万没有想到，在通往西河边的石路上堆满了当地农抗会和群众事先堆放的又粗又大的松树。路，被挡住了。路西是河，深及丈余，水流湍急；路东是山，连延起伏。敌人正踌

踌不定，我伏击连连长一声令下，七挺捷克式轻机枪和两挺马克辛重机枪立即猛烈扫射，打得敌人马惊乱闯，鲜血飞溅。第一个“报销”的就是骑兵队队长大佐铃木，直打得敌人蒙头转向，走投无路。不到两小时的伏击，日军骑兵几乎被我军全歼。逃窜残兵，亦被我群众俘获。下午2时，敌总指挥三木石太郎率大队赶至乌龟岭狂轰滥炸，而我军又遵叶军长命令隐蔽。敌人欲战不得，欲罢不能。天渐入黄昏，叶军长见时机已到，命令我军主力部队“就地狙击，歼灭敌人”，就这样，先后在管岭、小岭给敌人以重创。待至天明，天上敌机盘旋，小岭烈火熊熊，叶军长即告作战科科长传令：“即告参谋长，鬼子要跑！”随即戴上巴马帽，脚穿力士鞋，提着手杖快步下山，他边走边授口令：“通知友军，封锁江面，我们的子弹留到最后打！”然而，在这关键时刻，对岸五十二师为保存实力，背信弃义，竟弃城而逃，致使日军在飞机掩护下，直奔泾县县城。叶军长愤怒地挥动手杖命令道：“追，不能让鬼子跑掉！”随即周子昆副参谋长下令：“一营攻打泾县南门，二营攻打东门，三营和特务营穿插到赤滩阻击！”最后自己率领教导队分批东渡青弋江，向泾县县城追击。与此同时，叶军长率指挥所进至城边西峰山附近高地，查明敌情，并派员与已逃离县城三十多华里的摇丝坑的五十二师联络，可五十二师却龟缩不出。我军被迫停止追击，至象山竹林隐蔽。天明，叶军长命令道：“从本人起，每个士兵，哪一个退出阵地，就得受枪毙处罚。”指挥员视死如归，战士更是英勇杀敌。“歼灭日伪军，收复泾县县城！”新四军一面堵击，一面追击，与敌激战于南关。下午3时，我军收复泾县县城。叶军长一令教导队派两个小分队继续巡逻搜索；二令立即帮群众灭火；三令服务团分头张贴标语，宣读安民告示。

由于五十二师放弃在弋江镇的阻击，致使9日拂晓前敌千余人依靠数十架飞机的掩护，分成四股，在所谓“常胜将军”三木石太郎带领下，如丧家之犬般沿宣城的杨柳铺、南陵的弋江镇，向芜湖、南京逃窜去了。

历时一周的皖南反“扫荡”——泾县之战，是日军在皖南“大扫荡”以来规模最大、人数最多、武器最好、路线最长的一次，结果以惨败而告终。

泾县之战的这一重大胜利，通过电波迅速传遍大江南北，就连蒋介石也发来贺电，以示“嘉奖”。在这次反“扫荡”中，叶军长综合运用了游击战中的各种战术，阻击、伏击、围歼和正面攻击、侧翼袭击等，对敌人分而治之，各个击破，才以少胜多。

（本文选自《云岭烽火》）

后勤、统战工作两不误的洪学智

文 / 贾晓明

洪学智

在长征途中，洪学智先后任红四军政治部主任、红四方面军政治部组织部部长，负责后方收容和后勤保障工作。在极端困难的情况下，他周密组织，率领部队战胜艰难险阻，不仅保障了红四方面军的粮草供应，还先后四次为中央纵队送去粮食、牛羊等物资，受到中央筹粮委员会主任刘少奇的高度赞扬。特别是在瞻化期间，洪学智认真执行我党的民族政策，积极做好统战工作，不仅圆满解决了红军的后勤供给问题，还和藏族同胞建立起了深厚的友谊。

1936 年 4 月，红四方面军相继攻占炉霍、瞻化、甘孜。在占领瞻化时，与两千余人的土司武装发生激战，俘虏了土司武装几百人，经教育后释放。一些群众找到红军，说有些红军缴获的枪支和牛羊是他们的。红军当即归还。当地有一个“万户头人”叫巴顿多吉，听到这些消息后就派人来，说要和红军谈判。其原因是当时巴顿多吉扣留了蒋介石任命的西康宣慰使、国民党民族委员会委员、喇嘛首领诺那。不久前，巴顿多吉发现诺那携带武器和财产通过瞻化，就把他扣押了。但巴顿多吉发现诺那的身份后觉得左右为难，所以就想把诺那推给红军。

红军经过研究，决定派民运部部长周干民去同巴顿多吉谈判。巴顿多吉虽然也想谈判，但又摸不清红军的心意，只好一边答应谈判，一边在谈判的山头上布置人手，以防不测。

为了不产生误会，周干民穿着便衣，不带武器，一个人从容来到谈判地点。巴顿多吉消除了顾虑，对周干民说，只要红军的部队不打他们，愿意为红军提供粮食，并提出把诺那交给红军处理。周干民爽快地答应了他的条件，还请他两天后到瞻化城去见红军最大的“头人”。

两天后，巴顿多吉来到瞻化城，见到了洪学智。洪学智和他讲了红军的少数民族政策。洪学智身边有一台留声机，为了增加友好气氛，就放唱片给巴顿多吉听。巴顿多吉觉得非常新奇，洪学智就给他讲了留声机的原理，还把留声机送给他作纪念。中午，洪学智请巴顿多吉吃饭。但巴顿多吉并没有完全消除戒心，不敢放心吃喝。洪学智就先喝了一杯酒，又每个菜都吃了几口。这个举动让巴顿多吉解除了戒心，并和洪学智推杯换盏。两个人感情越来越亲近，最后交杯喝了鸡血酒。席间，洪学智提出，红军可以接收诺那，但要把诺那的徒弟海正涛同时释放，此外还请巴顿多吉出面为红军筹措粮草。巴顿多吉非常满意，立即通知他管辖的寺庙，不准反对红军，并要求寺院主动为红军捐献牛羊和粮食。几天后，巴顿多吉把诺那移交给红军。洪学智发现诺那的马还被巴顿多吉扣着。为了照顾高龄的诺那，洪学智又派人去交涉，为诺那要回了马匹。

洪学智

不久，红军在瞻化成立了革命委员会，洪学智请巴顿多吉出任瞻化革命委员会主任。瞻化地区其他的藏族上层人物在巴顿多吉的影响下，也开始对红军表示友好，为红军提供了大批粮草。

两个月后，萧克等率红六军到瞻化与红四军会师。这时洪学智和巴顿多吉的关系已经相当融洽。在巴顿多吉的帮助下，洪学智等组织两千多名少数民族群众在道路两旁欢迎，并给红六军准备了六驮食盐和十天的粮食，还有鞋子、帐篷等物品。

洪学智又把诺那送到甘孜，建议让诺那当革命委员会主任。但遗憾的是诺那在一个多月后圆寂了。国民党趁机造谣说诺那是被红军杀害的。其弟子海正涛回到上海后，特地在《东方》杂志上发表了一篇文章，说明了事情的真相。后来，洪学智在延安抗大学习时，亲眼看到了这篇文章。

（本文选自人民政协网）

红岩英烈王朴　黎明前夜永生

文/黄玉凤

变卖家产　献身革命

王朴，又名王兰骏，重庆江北县（今渝北区）人，生于1921年11月27日。1932年，王朴在重庆第一高小读书，几年后进入求精中学等学校求学。此后，进入复旦大学（当时校址在北碚）学习。在求学的过程中，王朴走上了革命道路，在南方局青年组张黎群、周力行等领导下，积极为党工作。抗战胜利前夕，受组织派遣回到江北。

根据当时中共中央关于开展大后方农村工作的指示，党组织委派负责重庆职业青年工作的黄颂文与王朴联系，商量有关办学计划。经过王朴艰辛奔走，数月后，莲华学校在江北县诞生，王朴出任校长。这所学校不仅是党在农村工作的据点，同时也成为掩护中共地下组织活动的堡垒。1946年，王朴加入了中国共产党，并在随后成立的中共莲华中学特支中任委员。

1947年秋，重庆北区工作委员会成立，王朴负责宣传和统战工作。当时中共重庆北区工委的一项重要工作就是为川东地下党筹集活动经费，王朴义不容辞地担负起这项工作。王朴劝说母亲金永华变卖由父亲和祖父经商积攒下来的家产，换成金条，作为党组织的活动经费。深明大义的母亲同意了。

王家大量变卖田产后，筹集黄金近两千两。为了向社会掩饰这笔钱的去向，也为了让钱能增加新的经费来源，党组织决定由王朴出面在重庆市区民国路宏泰大楼成立南华贸易公司。1948年，王朴出任南华贸易公司经理。南华公司也因此成为川东中共地下组织经营的一个经济实体，直接为川东地下党活动提供经费。

黎明前夜　壮烈捐躯

1948年，因《挺进报》事件，重庆和川东地下党的组织遭到严重破坏。4月27日，王朴因被叛徒出卖而被捕。他先被特务关押在重庆市区老街32号的行辕二处，后来被列入重大案情的政治犯，转囚到歌乐山下白公馆监狱。

重庆白公馆监狱

王朴的母亲金永华

王朴在狱中英勇顽强，坚贞不屈，经受住了敌人残酷毒刑、高官引诱的严峻考验，保护了党组织的安全。在与敌人英勇斗争的同时，他考虑到自己随时都有可能牺牲，在给妻子褚群的遗言中写道：“小群，莫要悲伤，有泪莫轻弹，你还年轻，你的幸福就是我的幸福。狗狗（王朴儿子的小名）取名继志……”当中华人民共和国成立的消息传入狱中时，他怀着无比向往的心情期待着黎明的到来，也做好了为革命献身的准备。

1949年10月27日，特务从白公馆监狱押出了王朴与陈然、成善谋、雷震等十人，转押于市区行辕二处。10月28日，敌人的数辆吉普车和载着王朴、陈然等十人的囚车，从位于左营街戒备森严的重庆警备司令部大门开出，缓缓沿民生路、七星岗、观音岩、两路口，驶向大坪方向，沿途围观群众不断拥向路边，无不掩面而泣。王朴、陈然等大声对群众演讲：“重庆就要解放了，胜利就要来临了！我们为革命牺牲是光荣的……”

囚车开至肖家湾的一个山坡前，王朴、陈然等人被敌人押下车，沿着一条杂草丛生的山路，走向设在佛图关上的刑场。在刑场上，王朴与战友们拒绝下跪，在生命的最后时刻，他们昂首挺胸，高呼着革命口号。敌人早已架好的机枪响了，子弹飞快射出，王朴和他的战友们倒在血泊中，鲜血染红了周围的青草和土地。那天，距王朴二十九岁生日还不到一个月……一个月后，重庆解放。

烈士之血　生命之花

王朴在黎明前夕牺牲了，但他短暂

的一生却绽放出灿烂的生命之花，永生在人民心中。

重庆解放后，重庆市委、市政府报经西南局批准，将王朴家变卖田产捐赠的经费，折合成人民币，开具成人民银行的支票，如数归还给王朴的母亲金永华，并问及她对党组织有什么要求时，她坚决拒收这笔巨款。金永华老人动情地说道："我把儿子献给党是应该的，现在要求享受特殊待遇是不应该的；变卖家产奉献给革命事业是应该的，接受党组织归还的财产是不应该的；作为家属，继承革命烈士遗志是应该的，把王朴烈士的光环罩在头上作为资本向组织伸手是不应该的。"这笔巨款后来用作党发展妇女儿童福利事业的基金。

王朴烈士的妻子褚群，中华人民共和国成立后带着儿子，请求组织派她到王朴牺牲地附近的一所中学工作。她常到附近学校、各单位做有关王朴烈士英雄事迹的演讲报告。

2003 年 9 月 21 日，王朴作为当年川东地下党的杰出代表人物，与巴蔓子、邹容、杨沧白、杨闇公等十人入选"重庆十大历史名人"。

王朴为掩护革命工作，于 1946 年创办的莲华中学——如今的王朴中学，终不负烈士期望，发展形成"立德、励志、求实、创新"的校风，铸就"德铸群英兴华夏"的办学理念，已成为市级重点中学。

王朴烈士英灵有知，回眸当应笑慰……

（本文选自《重庆晚报》）

二十八岁抗日英烈“百战而死”

文 / 程建辉

魏大光

1911年9月1日，魏大光出生在霸县（今霸州市）大韩家堡村一个贫苦农家。1935年秋，霸县许多农民破产，沦为盗匪者甚多。魏大光被人诬告，闻讯后只身逃往天津。其父魏宝顺被捕，以通匪罪名被杀害于信安镇。

魏大光到天津后，当了码头搬运工人。他在码头上很快与工人们混熟了，积极参加工人的各项活动，并开始接受革命思想。一二·九运动爆发后，他参加抗日救亡活动，秘密结识了不少有识之士，抗日热情一天天高涨，经常刷写标语、散发传单，走遍了天津的大街小巷。

1936年，魏大光因破坏日本人的工厂而被捕入狱。他在狱中认识了许多难友，明白了不少革命道理。他懂得了靠几个英雄好汉是不能打败日本侵略者的，必须动员全国人民，团结抗日，才能取得胜利。

1937年，七七事变后，国内形势急剧变化，国民党军政大员，在日军大举

入侵的形势下纷纷溃逃。魏大光与难友们乘此机会砸开牢门，破狱而出。

不久，天津沦陷，魏大光回到故乡。可等待他的却是家破人亡的惨景：父亲被害，母亲因悲伤过度而亡故，妻子下落不明。他目睹此惨景，异常悲愤，毅然告别乡亲，抵天津，赴唐山，在我党地下工作人员的帮助下，联合了杨第之、杨作山等十几名热血青年，于当年9月下旬回到霸县大韩家堡村，打出了抗日的旗帜。他动员有枪户献出大枪十余支，提出“有钱出钱，有枪出枪，有人出人”“好男儿上战场，打鬼子保家乡”的口号，一些进步青年纷纷前来投奔，一支抗日游击队在霸县堂二里镇一带诞生了。不久，队伍扩大到一千多人。

中共天津地下党负责人李楚离、王仲华和张致祥等人了解到津西有十几股抗日武装，先后派安玉树、大老郭（女）、王同安、李公侠等，分别找到魏大光和在安次县马道口一带组织起抗日队伍的徐立树等人。魏大光敬佩共产党，赞成党的《抗日救国十大纲领》和抗日民族统一战线政策，遂出面联络各方，经反复疏导，终将十几股自发的抗日武装联合组成一支抗日联军，番号为“华北人民抗日联军第二十七支队”。1938年3月，在堂二里镇举行了隆重的成立大会。魏大光任司令员，荣振华任副司令员，王同安任党代表，李公侠任政治部主任，翟养芝任参谋长。全支队共四千余人，司令部设在堂二里镇。

1938年11月16日，日军对津西实行第二次“扫荡”。二十七支队奉命向大清河南转移，开赴冀中。11月底，部队到达任丘县（今任丘市）青塔镇一带，改编为冀中军区独立第五支队，魏大光仍任司令员，支队下属两个大队、一个骑兵营，共四千余人。从此，这支部队成为我党直接领导的人民抗日武装。

1938年12月，贺龙领导的一二〇师挺进冀中，协助冀中抗日军民进行反“扫荡”斗争。为适应反“扫荡”的需要，野战军急需扩充兵力。因此，1939年3月下旬，在贺龙师长的主持下，将冀中军区独立第五支队两个大队与三五八旅七一六团合编为一二〇师独立第二旅，魏大光任旅长，廖汉生任副旅长，王同安任政委，赵振国任参谋长，李公侠任政治部主任。从此这支部队正式编入八路军的序列。

据党史记载，贺龙师长第一次与魏大光见面时就问：“听说你打日本鬼子很有办法，在霸县打死多少鬼子？”魏大光谦虚地说：“我不会打仗，碰死了不少。”

1938年2月28日，魏大光、王庭文率领两百多人，在永清县吴家场与日军打了一场硬仗，首战取得重大胜利。这一仗，我游击队以阵亡四人、伤二十人的较小代价取得较大胜利，煞了敌人的威风。各股抗日武装对魏大光的指挥和胆略深表钦佩。

二十七支队的出现，不仅钳制日伪军不敢轻易向津西进犯，而且使在天津驻屯的日军也感受到严重威胁。魏大光时常派人化装潜入天津市，夜间张贴“抗日救国、反对投降、严惩汉奸”的大标语，散发抗日救亡传单。他还曾派人携带炸药，炸毁市警察局附近的输电线路，并在墙上贴出“魏大光炸”的告示，搅得敌人心神不安。

这年11月16日，日军集结重兵对津西进行第二次大规模“扫荡”。为了避敌锋芒，魏大光率队向南转移，驻守在王庄子一带。18日拂晓，日军两百余人乘八辆汽车，在三百余伪军的配合下沿田家口下九号堤向王庄子追击。魏大光看着大堤两侧遍地积水，高兴地说："这是消灭日军的天赐良机，不可放过。"于是，挑选优秀射手埋伏在两堤交界的中亭堤东西一线。当敌人进入有效射程时，指挥枪一打响，机枪、步枪顿时响成一片，敌人无处躲藏，死伤数十人。激战一昼夜，歼敌一百一十余人，我军仅伤亡五十余人。

二十七支队改编为冀中军区五支队以后，魏大光率部在献县臧桥巧夺了日军军车。一天，他获知日军军车将从臧桥经过的情报，亲自带领一个排埋伏下来。当敌车进入埋伏圈后，魏大光指挥枪一响，战士们像猛虎一样扑了上去，几分钟就结束了战斗，活捉七名日军，缴获七辆汽车、三百块军毯和满车的弹药及军用物资。

由冀中军区五支队改编为一二〇师独立第二旅后，魏大光任旅长。1939年4月23日，在贺龙指挥下，魏大光率部参加了齐会战斗，激战三昼夜，打垮了日军精锐之师吉田大队，歼敌七百多人。任丘卧佛堂战斗、献县沙河桥战斗，魏大光也都率部参战，出色地完成了战斗任务。

1939年5月，魏大光率独二旅随一二〇师开往平汉路西。他接受贺龙师长扩大部队、收编散兵的命令，率少数人员重返大清河一带。

魏大光身负重任，不辞劳苦，昼夜活动于武清、安次、永清、霸县之间，分别与各股武装头领接触，教育说服了很多人。至8月间，就将黄锡标、李子刚、李桂清等十几股杂色武装收拢起来，上千人的队伍在永清县刘靳各庄一带集中。

1939年8月26日，魏大光带领部分人员从刘靳各庄分乘三艘船去黄庄子村开会。船只刚穿过津保公路，驶至大宁口村北，与日军汽船遭遇。日军两挺机枪一齐向小船扫射。魏大光组织大家奋力还击，但因兵力过少，又都是短枪，魏大光头部中弹，壮烈牺牲。同时牺牲的还有四名警卫员、三名船员，共十二人。

噩耗传到一二〇师和独二旅后，全体指战员都悲痛不已。一二〇师于1939年9月在灵寿县为魏大光等牺牲的同志召开了追悼大会。追悼会由代旅长廖汉生主持，贺龙师长、关向应政委送了挽联，旅政委王同安致悼词。他号召全体

齐会战斗

齐会战斗纪念碑

干部、战士以魏大光为榜样，学习他对党忠诚、听从指挥，以身作则、立场坚定，大公无私、顾全大局，作战勇敢、不怕牺牲的精神。廖汉生惋惜地说：“年仅二十八岁的魏大光同志，还有许多事业没来得及做就光荣牺牲了，这是我党我军的一重大损失，人民将永远怀念他。我们要化悲痛为力量，坚决把日本鬼子赶出中国去！”

魏大光壮烈牺牲不久，叶剑英总参谋长在《八路军军政杂志》上发表了《悼八路军魏旅长大光光荣殉国》的文章。文章里说：“他们都是中华民族优秀的儿郎，愿意以其殷红的血，灌溉那独立自由幸福之花。他们都具有矫健的身手，钻到敌人脏腑之间，抓住敌人心脏，挺进到敌军深远的后方，拖住敌人的后腿，使战略的相持阶段更易到来，把敌人的后方，变为前线。因此我们对于参加这种伟大斗争光荣牺牲者，不能不深深地致以哀悼！魏大光旅长就是这样的光荣牺牲者中最灿烂的一个。”“这种百战而死的精神，说明魏旅长为国家尽了大忠，为民族尽了大孝。”

魏大光牺牲后曾经埋葬在北董家铺的坟地里，那里是魏氏家族墓地。后来向南迁墓到“小树林”。如今，魏大光的墓地已经难寻踪迹，小树林也消失了。魏大光牺牲的地方，如今已经变成农田，曾经载船的河水也荡然无存，留下的只有一个传奇故事。

没有遗址，没有遗物，没有后代。英雄匆匆走了，只在党史里留下了一段可歌可泣的英雄故事。

（本文选自《燕赵都市报》，有删节）

樟木头有个“刘胡兰”

文/陈志强　贺　欢　陈剑锋

“生的伟大，死的光荣”，世人皆知这是1947年春天毛泽东同志为英勇就义的刘胡兰的亲笔题词。

在樟木头，也有一位刘胡兰式的英雄人物。中国著名雕塑家、画家、诗人张松鹤先生曾这样评价：“她是樟木头的刘胡兰！”

她，就是原东江纵队抗日英雄、樟木头客家名人蔡子培的夫人关其清同志。虽然她为抗日救国所开展的工作涉足樟木头的不多，但作为蔡子培的夫人、樟木头人的媳妇，她光照千秋的革命一生足以让我们樟木头客家人为之敬仰和自豪……

不畏艰难，奔赴抗日最前线

关其清，又名关素文、关若茜，是广东南海（今南海区）九江乡人。其父关颂平有四所房子，曾在广州市河南海天四签开设富强塑胶厂和经营出口贸易的富强桂皮庄。

出生在一个封建式民族资本家的大家庭里，妻妾争宠和财产纠纷不断，家庭矛盾重重，关其清从小备受煎熬。外加父亲的出口生意常受到洋人的垄断和控制，同时还受到军阀、官僚的敲诈勒索，少年时的她就对洋人、军阀、官僚深恶痛绝。

1932年1月28日，日军公然出兵侵略我国的上海吴淞，十九路军奋起抗战，全国掀起了抗日救国的大浪潮。市立二中成立了抗日救国会，关其清被同学们选举为抗日救国会的委员，领导全校女同学卖花募捐，支援淞沪抗日，随后又发动支援东北抗日义勇军的募捐。

七七事变后，关其清愤于日军的野蛮行径，忧于祖国的岌岌可危，感到再也不能在学校读书了。于是决定同蔡子培一起奔赴延安、奔赴抗日最前线。

为解决路费问题，已擦出爱情火花且志同道合的关其清与蔡子培决定举行婚礼，卖掉结婚所收礼物，作为奔赴延安的旅费。1937年10月，关其清与蔡子培被介绍到陕西省三原县安吴堡青年训练班，接受进步思想教育和学习，并进行军事训练。后二人被班领导选中前去延安继续学习。

数九寒冬，北风凛冽。关其清穿着笨重的棉衣和布鞋每天步行六七十里。

革命圣地延安

抵达洛川县休息时，关其清脱下布鞋，发现自己的脚掌起满了水泡。她用针一一将水泡刺破，搽上碘酒，继续北上。

她越过重重困难，历时十三天，步行八百里，终于抵达革命圣地延安。

组建抗日自卫大队

1938 年 2 月，关其清顺利进入陕北公学就读，且编在十四队，聆听毛泽东、周恩来、成仿吾、杨双、艾思奇等中央领导讲课。在青训班，由于表现突出，思想进步，1938 年 3 月，吴其清被中央陕公总支部批准成为中国共产党党员。

同年 6 月，陕公由清凉山搬迁到延安北门。第二期学习结束后，关其清被分配到陕公接任吴英（艾思奇的夫人）的图书馆主任职务。

1938 年 10 月，广州沦陷的前几天，关其清按党的指示和号召，参加了中山大学教授丘琮（中山大学教授、国民党少将参议员，丘逢甲之子）领导的广东民众武装抗日自卫队总部的东区服务队，同卓杨、丘继英、邓慧、黄炳辉、林启周、杜声闻等同志一起撤离广州，经从化县（今化州市）、花县（今花都区）到达梅县（今梅县区）、蕉岭等地区开展抗日宣传工作。

当年秋，蔡子培从延安陕北公学回乡，和养贤学校校长魏拾青、蔡焕勋一起筹备成立石马乡抗日自卫大队。关其清及其同学卓扬、丘继英、陶子梅、魏凡等人也从延安经广州回到了石马乡。他们以养贤学校为基地开展抗日救亡运动，很快就在三王宫（今官仓凤山古庙）成立石马乡抗日自卫大队，并选举蔡子培为大队长。

由于东区服务队的队员都是陕北公学、抗日大学毕业的学员，其延安的革命作风，受到广大青年学生的欢迎和赞扬。

1939 年 2 月，东区服务队在蕉岭文福乡创办抗日青年训练班学校，并举办

蔡子培与关其清

妇女夜校，组织妇女抗日会、农抗会、青抗会，发展党组织等工作。在此期间，关其清做了大量工作。

迎着敌人枪口视死如归

1944年，河源县（今河源市）的能溪、兰溪仍笼罩在“白色恐怖”之中。

因能溪、兰溪“三点会”煽动群众，并阻止粮食出口，将抢回的粮食散发给群众，激起了国民党驻地军队的恼怒。当时驻河源的国民党巡官张家超指派大队人马将一百零六名无辜群众抓了起来，不仅诬指这些群众是破坏分子，而且下令择日全部就地枪决……

元月10日，眼看着这些无辜的农民群众即将失去生命，一位河源县妇委的女同志不顾自己产后孱弱的身体，怒冲巡官府，并指着巡官张家超的鼻子大声呵斥：“你们这些杀人的魔鬼！杀无辜的老百姓算什么本事？要死，我一个人死，不许伤害群众……”她义正词严的斥问激怒了张家超。只见张家超脸色铁青地从腰间拔出手枪，顶着这位女同志的脑袋，暴跳如雷地叫嚣：“你再煽动群众，我一枪崩了你！”

“永别了，乡亲们，战斗吧，同志们，敌人的末日不远了，胜利一定是我们的。”在倒下的一瞬间，她鄙视了一眼垂死挣扎的敌人，甩了甩披在脸上的短发；仰望翻滚的乌云，环顾万里江山……她坚信，黑夜即将过去，祖国的明天将阳光灿烂，就在生命的最后一息，她高呼：“中国共产党万岁！毛主席万岁！”

这位为了中国人民的解放、为了雄伟的共产主义事业而从容就义、壮烈牺牲的英雄，就是关其清同志。

“壮志饥餐胡虏肉，笑谈渴饮匈奴血。”在关其清牺牲后的许多岁月里，其高贵品格、革命气节和英雄壮举一直鲜为人知。

“遗范垂后世，风采映苍穹。”今天，我们将关其清的“刘胡兰精神”用文字记下，既是以此激励后人，也是了却革命老前辈让“刘胡兰精神”公之于众的遗愿……

（本文选自《南方日报》）

瑞安乡抗日女英雄——欧秋菊

文 / 杨宏炳　欧方强

欧秋菊（1920 年—1945 年），女，海南万宁市人。1939 年参加革命工作，1941 年加入中国共产党，曾担任乡抗日民救会副主任、乡妇救会主任。1945 年春，在一次战斗中光荣牺牲。

一

抗日战争时期，万宁县瑞安乡（今万宁市东澳镇）有一位勇敢机智、不怕牺牲、积极动员和组织群众配合中共万一区委和琼总三支队开展抗日斗争的优秀共产党员，她的名字叫欧秋菊，她是一位出色的抗日女英雄。

1939 年 2 月 10 日，日军出动重兵大举入侵琼崖，很快占领海口、三亚、榆林、崖城等地。之后，举兵向全岛突进，8 月 13 日占领万城。欧秋菊的家乡瑞安乡也遭到了日军的侵占和蹂躏。其时四维岭地区地下党员陈亚琼、陈亚德、陈亚强（以上三人均化名）、欧继栋等人成立了中共瑞安乡党支部，发动和领导群众开展抗日斗争。在他们的教育影响下，欧秋菊开始走上革命的道路，她参加了民众抗日救国会，积极投身抗日斗争之中。由于欧秋菊工作积极，1941 年春由党支部书记陈亚琼、支委欧继栋两人介绍加入中国共产党，并被选为瑞安乡民救会副主任兼四维地区妇救会主任。党组织为了更好地培养她，介绍她参加县委组织

1939 年 2 月，日军侵占海南岛

的党员轮训班学习。欧秋菊通过积极学习，提高了革命觉悟和抗日救国理论水平。她经常向群众进行宣传，深刻地揭露日本帝国主义侵略中国的种种罪行，分析“抗日战争中国必胜，日本必败”的道理，从而提高广大人民群众的觉悟，激发他们纷纷投身抗日救国的行列。

为了更好地完成党组织交给她的抗日宣传任务，欧秋菊常常冒着生命危险深入敌人控制严密的乡村去散发传单和张贴标语，有时还到群众家里进行面对面的宣传动员，教群众唱抗日救国歌曲。有一天夜间，欧秋菊带领几位同志到保定村进行抗日反顽宣传活动，突然有位老大娘急匆匆跑来，气喘吁吁地说：“顺民军（日伪军）来了，你们快跑吧。”欧秋菊沉着镇定，叫大家别慌，先安排群众疏散后，她才带领同志们迅速离开，并安全摆脱敌人的追赶。后来得悉是一个姓朱的伪保长去北坡报告给日伪军的。

二

欧秋菊不仅积极宣传抗日，还机智勇敢地配合抗日武装打击日敌，多次出色地完成组织上交给她的任务。

1942 年夏的一天，日本特务船“胜间田”号停靠在大洲岛附近，我抗日武装第三支队三中队指导员崔懋峰决定武装小分队化装成渔民乘渔船前去偷袭。欧秋菊闻讯后坚决要求参加战斗。为了巧妙地袭击敌船，欧秋菊乔装成渔家女，武装小分队的同志们打扮成渔民。快接近敌船时，她故意站起来大声地问：“买鱼否，大大有鱼卖！”日敌看见是一位渔家女，认为是打鱼的船只，就放松了警惕，并叫喊：“快滚开，不然打沉你们。”说时迟那时快，我武装小分队的同志们迅速跳上敌船，一举歼灭了日特务队，并缴获了一批物资。这一次海上战斗，不仅有力地打击了敌人，而且干扰了敌人的海上运输交通线。

1943 年，日敌对我抗日根据地实行残酷的“蚕食”“扫荡”，在四维、新潭一带抗日村庄实行“三光”政策，妄想一举扑灭我抗日力量。中共万一区委书记周训堂亲自发动和组织群众，坚持反“蚕食”、反“扫荡”斗争，实行坚壁清野，开展游击战。欧秋菊积极参加战斗，并发动群众巡逻放哨，组织群众破坏敌人的交通线和电话线。1943 年 8 月的一天夜里，欧秋菊和欧先仁及其他民救会成员三百多人，手持锄头、钩刀、锯子等工具，分别在北坡的黄黎、八家和东澳的镜门、红井园一带破坏敌人的公路十多公里，切断万城通往乌场和东澳日敌据点的通信线路。

还有一次，琼总三支队政委陈武英带领部队攻打乌场日敌据点，欧秋菊和其他干部组织发动民救会成员二百六十多人参战。他们有的当向导；有的组织担架队，负责救护伤员；有的则挑柴草纵火烧毁北坡岭木桥，割断电线，烧毁电杆，破坏敌人交通和通信设备，使万城和北坡的敌人无法沟通。战斗结束后，陈武英在总结大会上表扬欧秋菊，他赞誉：“欧秋菊同志积极带领群众参战当向导，入虎穴不怕牺牲，配合我军杀敌，是瑞安乡的女英雄。”

1943 年 4 月，中共万一区委书记周训堂在瑞安乡领导开展“红五月”“红十月”运动，动员青年参军和开展捐献运动。欧秋菊积极配合区委工作，亲自带领群众到岭仔海挑海水煮盐两千五百多斤，由乡后备队护送到六连岭抗日根

据地，帮助解决军需民用。同时她还动员群众捐钱购买日用品，支援抗日前线。她主持召开捐献大会，宣传“抗日救国，人人有责，有钱出钱，有粮出粮，有力出力”的道理。经她宣传发动，群众抗日捐献情绪特别高涨，仅一个晚上，乌坭村捐粮五石三斗多、光洋五十多块。

欧秋菊在扩军支前中起到了表率作用，她首先动员自己唯一的胞妹欧秋梅参军上前线（当救护员，后在战斗中光荣牺牲），接着到各村各家动员青年参军。民救会员欧石吉在欧秋菊的启发下，积极要求参军抗日。但他是独生子，母亲又是个寡妇，因而母亲不愿意儿了离开自己。后在欧秋菊耐心细致的思想动员下，老母亲终于想通了。在村民扩军动员大会上，她当着众人说：“石吉你参军抗日去吧，妈一个人在家会自理，你放心吧！”接着欧三连、欧亚孙、刘文英、钟娜四、蔡经山、陈传珍等二十三名男女青年踊跃报名参军。因此瑞安乡的扩军支前工作在全县处于前列，受到了区委、县委和三支队领导同志的表扬。

欧秋菊抗日意志坚决，始终站在抗日救亡的最前线，在瑞安乡人民群众中颇有威望。瑞安、明德和万城的日伪军却对她恨之入骨，欲除之而后快，曾多次在路途中埋伏，企图抓捕她。但欧秋菊机智灵活，勇敢顽强，巧妙周旋，使得敌人的阴谋一次次皆落空。敌人恼羞成怒，便抓捕了她的母亲和哥哥，并酷刑审讯以诱迫欧秋菊投降。但欧秋菊毫不动摇，对日敌更加仇恨，斗争到底的决心也更加坚定了。敌人见欧秋菊不为所动，也无计可施，最后便放了她的母亲和哥哥。

1943年冬，根据抗日斗争的需要，欧秋菊奉命离开瑞安乡跟随三支队去万（宁）陵（水）保（亭）地区，开辟新的抗日根据地，在新区开展抗日斗争。1945年春，在一次伏击战中欧秋菊不幸负伤，后因医治无效而光荣牺牲，年仅二十五岁。

欧秋菊烈士短暂而光辉的一生，将永远铭刻在万宁县革命斗争史册上，铭记在人们的心中。

（本文选自海南史志网）

雪山小太阳

文 / 红笔杆

夹金山，白雪皑皑，风雪肆虐，每当队伍前进的脚步迟缓时，女战士充满活力的歌声就会响起，然而当部队翻过山顶时，队伍里却不见了那个快乐的红色身影……

夹金山山峦起伏，白雪皑皑。狂风夹杂着大片的雪花翻卷咆哮，凛冽的空气中，雪山似乎也在战栗。

前进的队伍有些迟缓了。寒冷、饥饿、稀薄的空气侵袭着这支坚强的队伍，已经有很多同志在这片让神灵都敬畏的土地上永远闭上了眼睛。

突然，风雪中传来一阵充满活力的歌声：“夹金山高又高，坚持一下胜利了！翻过雪山是晴天，嘿！太阳暖和和，战士笑呵呵……”

歌声穿透风雪，驱散了寒冷与疲惫，给前进中的队伍带来阵阵暖意。大家抬头望去，山坡上一个小小的红色身影跳着、唱着，挥舞着手里的快板，快乐的身影像一团跳动的火焰。“我们的小太阳又升起来了！”战士们笑了。

这名唱歌的女战士是红军队伍里的小卫生员，谁也不知道她的名字。一路上，小姑娘把行进中的故事编成歌谣鼓舞着大家前进，成了大家的“开心果”。翻雪山时，小姑娘身体单薄，同行的大姐怕她冻坏，把身上穿的一件红毛衣送给了她。她高兴极了，穿着这件长及膝盖的大毛衣在队伍里跑前跑后，在山坡上唱着跳着，红艳艳的颜色在雪地里分外耀眼。大家就开玩笑地叫她“小太阳”。

队伍接近山顶了，空气越来越稀薄，连呼吸都困难。很多同志因为疲惫和饥饿坐在了雪地上，这一坐，便成了冰雪

的雕像。红毛衣也抵挡不住寒冷的侵袭，“小太阳”的脚步也越来越迟缓。突然，她停了下来，路边坐着一个受伤的战士，把头埋进臂弯里像在打瞌睡。在这里，停顿就意味着死亡。“小太阳”拼命地摇着他，战士只是含糊不清地说：“冷，冷……”

队伍依然缓缓地前进着。有人突然发现，队伍里不见了那个快乐的红色身影。干部休养连的战士们到处寻找，在半山坡的雪地里，看到这个年少的卫生员静静地躺在山坡上，已经没有了生命的气息。她只穿着一件单薄的军衣，小小的脸上没有一丝血色。在担架上，战士们找到了那件红艳艳的大毛衣，它穿在一个受伤的战士身上。伤兵流着泪回忆说，困乏时坐在雪地里，只觉得有人在拼命地拉着他，对了，还听见了歌声，很熟的歌：“翻过雪山是晴天，嘿！太阳暖和和，战士笑呵呵……”

所有人都沉默了。伤兵脱下红毛衣，郑重地铺在雪地上。它像女战士快乐的微笑，舒展在茫茫雪地中。仰首望去，峰顶已经微现阳光，太阳红彤彤，照在皑皑白雪之上，映出一道道金色的光芒。

穿过岁月的悠远，那许许多多美丽的壮烈的故事依然生动、依然鲜活。曾经有一个爱唱歌的小女孩，快乐地行走在这支波澜壮阔的队伍里，她唱过最响亮的歌谣，让疲惫的战士仰望天空，看到太阳；她跳过最动人的舞蹈，让受伤的老兵忘记伤痛，欣然而笑；她曾为一件普通的红毛衣欣喜不已、视若珍宝，在最危险的时候她又把自己最珍爱的东西，连同生的希望和力量，让给了自己的战友。

她还只是个孩子。那一年，她十五岁。

（本文选自《中国女红军故事》）

“铁鸟”上天记

——追忆新中国首架飞机诞生

文/冯　都

我作为第一代航空工业职工，曾有幸参与中华人民共和国第一架飞机的制造，并亲眼看见这架飞机翱翔蓝天。为此，我感到无比自豪。

舌辩维氏

中华人民共和国成立后，百废待举。东北边境在抗美援朝中屡遭美国飞机狂轰滥炸，共和国没有制空权怎么办？时任重工业部代部长兼航空工业局局长的何长工在中央财政工作会议上首先“放炮”，急切地提出创建我国航空工业的构想。毛泽东高兴地说：“‘何铁嘴’这一炮放得好啊！应当尽早抓起来。”为寻求社会主义阵营“老大哥”的技术援助，周恩来任命何长工为中国赴苏联谈判代表团团长，于1951年1月9日飞往莫斯科。

苏共中央政治局委员、外交部部长维辛斯基是个久经沙场的外交“老狐狸精”，他先用俄语藐视我国：“搞航空、造飞机，你们没有基础。”后用英语鄙视地说：“中国现在连生产飞机轮胎都不行，还谈什么航空工业，岂不是笑话。”

何长工懂得四国外语，他铮铮铁骨，长中国人志气，先用俄语辩驳：“目前我国经济基础差，那是国民党反动派造成的。”又用英语说：“中国人民有毛主席领导，什么困难也难不倒。”接着用德语说：“莫说将来我们会造飞机轮胎，就是原子弹也能造出。”最后则用法语道：“你不肯帮助，我要向斯大林大元帅告你的状。”维氏见何长工能娴熟地讲几种外语，说得口若悬河，这种人才连苏联外交部都不多见，深感来者不简单。他怕闹到斯大林那里去会对其不利，思忖片刻，便诚恳地表示：“何长工同志，不要生气嘛，我们将认真考虑贵国的要求，尽量给予满足。”

经过十八天的艰难谈判，2月19日签订了《中苏航空工业技术协议（草案）》，并经斯大林和周恩来批准。苏方答应派遣一批专家，携带各种图纸资料前来中国，帮助中国仿制苏联雅克18型教练机。

加紧培训

何长工一行回国后，中央于1951年4月17日做出《关于航空工业建设的决定》。从国外归来的专家、学者和国内工程师、技术人员纷纷集中，听候调遣。

那么兴建航空工业的中央企业放在哪里呢？政务院考虑到，1933年国民党“围剿”中央苏区时，曾跟意大利合作，在南昌建造了飞机厂。后来国民党逃亡台湾，人民解放军在南昌接管了三十多台设备，四万多平方米厂房和办公楼，以及一条一千五百米长的飞机跑道。于是做出如下决定：第一，航空工业重心建在南昌，对内番号叫“320”，对外交往称“洪都机械厂”；第二，将南京国民党留下的航空配件厂三百四十七台设备和一千一百二十三吨物资运往南昌，同时将几百名熟练技工调往南昌，予以合并；第三，在南昌工厂旁边，开办一所江西省技术工人养成学校，第一批招生一千人，上午学理论，下午进厂实习，以最快速度加紧培训技术人才，满足工厂急需。

我是江西抚州市人，当年十五岁，共青团团员，正在一家私人雨伞店当学徒。工会保送我去应试，我记得是考小学毕业的政治、语文、算术等题目，由于我政治条件较好，未经过多审查就被录取。1951年底我赴南昌读技校，后分配在车工班，任副班长，学习《机械制图》《车床工作法》等专业书籍。当时的校长由江西省省长邵式平兼任，副校长由320厂厂长吴继周兼任。学了一年，吴继周在结业典礼大会上宣布：“技工学校第一批学员原计划学制二年，因320厂技工奇缺，迫切需要大家前去上岗，所以提前一年结业。现已派人前往各县招收第二批学员了。你们这批年轻人，成了共和国自己培养的首批航空工业的工人阶级，应当感到无上光荣。”

何长工

昼夜制造

1953年，我国拉开了第一个“五年计划”的帷幕，其中苏联帮助我国建设的一百五十六个工程项目之一，就是江西南昌320厂试制共和国首批十架雅克18型飞机。这个厂逐渐增加到万名职工，全厂处于保密状态，周围圈起电网，厂里驻有百余名解放军，轮换站岗守卫，生产区与生活区完全分开，车间之间的来往要凭介绍信进出。全厂在党、政、工、团的领导下，分别制定各项计划，开展热火朝天的你追我赶竞赛活动，社会主义建设一派欣欣向荣。

那时我在80车间任计划统计员，每天要与苏联专家打交道，向他们提供生产统计报表。开始去的那年，主要是修理抗美援朝打下的美国五种型号、四百余架飞机，还有人民解放军经过三大战役，打下的国民党从美、意、德、英、法等国购进的数百架飞机。后来生产的重点则用一半力量投入雅克18型飞机的试制了。我所在的80车间负责生产飞机活塞和精密螺丝、螺帽零件，夜以继日地开展技术协作，若出现难题，便由苏联专家亲自动手解决。

当时，中央第二机械工业部要求厂里把1955年实现飞机上天的计划，提前到1954年夏天完成。时间紧、任务重、技术要求高，又面临诸多困难，厂党委组织全体职工刻苦学习，忘我工作。设计部门耗费二十多公斤白纸，描绘出十七个系统、一千零六十七份图纸。各车间开展声势浩大的挑应战竞赛，每天二十四小时分三班昼夜作业，做到人停机器不停。许多职工连续三十多小时不下生产第一线。整机装配车间成立技术攻关小组，土法上马奋战了九个昼夜，胜利排除了最棘手的技术难点，通过静电检验，飞机可以交付飞行了。

秘密试飞

1954年7月3日下午5时15分，盛暑火辣的太阳开始西下，首架飞机在对外保密的状态下，进行具有划时代意义的紧张试飞。320厂的飞机场上，空荡荡、静悄悄，只有几位领导同志、专家组组长、设计人员坐在看台上，全厂职工都站在各自的车间、科室外面仰天观看。驾驶员段祥禄与刁家平登上自制飞机，进行起飞时慢滑、中滑、快滑，陡然腾空而起，昂首冲入云端。人们看见飞机伴着隆隆的声响，像一只雄鹰在蓝天盘旋，忽而迅速上升，忽而垂直俯冲，忽而翻起筋斗，一翻就是四五个，忽而打着横滚，一滚就是五六次，尤其是飞机还未改平，就进入了“失速尾旋”，连翻带滚向下直插，忽而又停止翻滚，以半圆弧线形向上拉了起来，接着轻轻摇摆几下机翼。驾驶员伸出头来向人们致意，全厂职工在不同位置报以热烈掌声。

经过由远及近的下滑，飞机准确地降落。驾驶员兴奋地说：“机件性能良好，试飞一切顺利。”在场的厂党委书记兼厂长吴继周说：“中华人民共和国第一架飞机在我们厂光荣诞生了，这是震撼中外的一件大喜事。为了经受考验，厂部决定还要进行为期一周的试飞，并将这架飞机命名为‘初教-5’。”于是，从次日起至11月止，飞机又在工厂上空秘密试飞十三个多小时，每次约两个小时，结果再次证明，飞机质量很好，完全符合设计要求。

晚饭时，我在厂区四个大食堂里看见人们欢欣雀跃，许多人向亲人们奔走相告，引发我的无限感慨。次日，我写了一篇《祖国首架飞机在洪都蓝天翱翔》的特别报道，刊发在车间墙报上，车间领导和同志们看后大加赞赏，说：“小冯读书不多，进步很快。”从此我申请把名字改为谐音“冯都”，以纪念亲身参加首架飞机的制造。

万人庆典

7月25日，是我国航空工业史上划时代的日子，320厂万名职工在飞机场隆重举行首架飞机竣工典礼大会。这天上午晴空万里，我排在80车间队列前排，从生活区穿越生产区，向飞机场进发，按指定位置席地而坐。临时搭建的大会主席台四周红旗招展，上面悬挂着横幅“庆祝第一架飞机制造成功大会”；台上坐着中央二机部，航空工业局，江西省委、省政府，南昌市及厂领导同志，还有苏联专家组组长及夫人。报社、电台的记者忙个不停。大会在雄壮的国歌声和鞭炮声中开始，几位领导相继讲话，热烈颂扬我国自制的飞机在军旗升起之地南昌胜利诞生。会场上不时响起一阵阵雷鸣般掌声。

雅克 18 型飞机

“初教-5”型教练机

接着飞机开始以矫健的英姿，在喧天的锣鼓声中再次升上蓝天，先后做了一个小时的飞行表演，一会儿高空翻滚，一会儿低空盘旋，那凌空气势犹如一道亮丽的风景线。二机部部长赵尔陆高举双拳，在空中挥了三圈，然后在扩音器里连说：“太棒啦！太棒啦！”苏联专家组组长瓦西列夫在台上大喊大叫：“飞机性能好极了！好极了！”经历艰苦奋战的广大职工，此时更是兴高采烈，一片欢腾，许多职工动情地流下了热泪，各车间主任紧握身边工人的手，并与技术人员拥抱，共享幸福喜悦，共庆重大胜利。

这是一个难忘的不眠之夜，厂里张灯结彩，举行盛大联欢晚会，通宵载歌载舞。次日一早，人们在广播里聆听了新华社播发的《我国自制飞机成功》的重要新闻，《江西日报》和首都报纸都以头版头条登载了这一喜讯。

领袖祝贺

国务院总理周恩来在北京获知南昌自制首架飞机胜利成功并通过国家鉴定，非常高兴，立即发来贺电表示热烈祝贺。毛泽东主席闻讯，专门寄来嘉勉信，信中说：

第二机械工业部转国营320厂全体职工同志们：

7月26日报告闻悉，祝贺你们试制第一架雅克18型飞机成功的胜利。这在建立我国的飞机制造业和增强国防力量上都是一个良好的开端，希望你们继续努力，在苏联专家的指导下，进一步地掌握技术和提高质量，保证完成正式生产的任务。

毛泽东

1954年8月1日

国家副主席朱德也为320厂写下了“发扬工人阶级积极性、创造性，增强国防，保卫祖国”的题词。陈云副总理也视察了320厂。8月26日，国防部部长彭德怀庄重批示：“同意雅克18型飞机成批生产。”不久，全国人大常委会委员长刘少奇视察江西时，也专程深入到320厂，看望了苏联专家，对他们说：“毛主席访问苏联时，斯大林送给毛主席一架伊尔14型飞机，那是全国第一架。现在我国工人阶级自己能够制造飞机了，谱写了航空工业的灿烂乐章。谢谢你们无私的国际主义援助。”

（本文选自中国共产党新闻网）

把电影送到前线

文 / 贾立芳

从中华人民共和国成立之初到 20 世纪 80 年代，露天电影是很多人记忆中难以磨灭的印象。而在一块块简易银幕背后，是一批电影放映员忙碌的身影。在抗美援朝战场上，战地电影放映员冒着敌人的炮火为前线的战士们送去欢乐，有人甚至为此付出了生命。

用马车和肩膀运输器材

1952 年 8 月，中国人民志愿军某部的陈则敏和两名助手带着一台小放映机来到朝鲜，担负起为战士们放电影的任务。

当时部队的驻地是极为分散的，陈则敏和助手唯一的运输工具是马车，但是在多数情况下，还要依靠人力把机器抬上山去。

为了避免敌人的轰炸和炮击，三人组成的电影放映组只能在夜间赶路，还要很小心地注意马车和机器的安全。他们三人一个走在最前面探路，一个走在马车后面，一个走在马车边赶车，边走边细心地倾听着敌人的飞机声和我方部队的防空枪声。有时候，马车陷进河里了，三人就下到冰冷刺骨的河水中把车推出来。碰上复杂的地形，马车翻车也是经常的事情，这时三人虽然着急，担心天亮被敌人发现，但是也得沉住气，迅速解开绳子，把机器一件件卸下来，然后把车翻起来装上机器继续赶路。

碰到山高上不去，三人就在后面帮助推上去；下陡坡时，因为怕车闸失灵出现意外，就用长绳子吊在马车后面用力拉着。当三人克服重重困难把机器送到放映点的时候，往往已是深夜十二点了。

有一次，他们不幸迷路了，在夜色中摸进了敌人的炮火封锁线，幸好没有被敌人发现，三人赶紧撤出来。那一次，他们直到天快亮的时候才找到部队。

看守发电机中毒昏倒

在前沿阵地，由于敌人的炮击是频繁而猛烈的，放映只能在一米多宽的坑道中进行。为了运动灵活、能够迅速冲过敌人的层层封锁线，陈则敏和助手精简了装备，要爬山的时候，事先把发电机拆成三部分，背起来就走。

坑道作为放映场地是十分狭小的，最多能容纳四十多人。为了让更多的战士能看上电影，他们一个晚上要放映三四场。有一次，因为敌人的炮火封锁，好多战士过不来，但是他们还是立即准备就绪，为已经到的十五名战士放映起来。那一次，是陈则敏的放映组成立以来观众最少的一次。

放映的时候，为了避免敌人的炮击，不能暴露目标，只能将发电机放在坑道或是小房子里面。发电机在运转过程中会产生一氧化碳等有毒气体，因为通风不好，看守发电机的同志因为吸入过多毒气而晕倒的现象时有发生。

有一次，在一个狭小的坑道里放映时，陈则敏负责看守发电机。时间一长，他觉得头越来越疼，但是想到战士们看一场电影不容易，他硬是坚持忍到放映完毕。还有一次，他的两位助手因为中毒接连昏倒，陈则敏接替他们看守发电机，一直没有中断电影的放映。这让战士们深受感动，战士们经常写信给他们，表达赞扬之情。

解下绷带给重伤员包扎

1953年夏季的一天，三十多架敌机疯狂轰炸扫射我部队驻地。当时，陈则敏和放映员林晰明正好在那里。一颗很大的炸弹在陈则敏身边爆炸了，一块弹片打进了他的左手，飞来的石块打伤了他的头部和左脚，他的耳朵被震聋了，眼镜和帽子也被震飞了，身上沾满了泥和血。

当他清醒过来的时候，敌人的飞机还没有走，还在继续轰炸、扫射。陈则敏挣扎着往前爬，寻找助手林晰明，发现他已经被埋在倒塌的防空洞里。他和一位战友拼命挖，总算把防空洞扒开一个口子，抬出了林晰明。但是，林晰明还是因为失血过多牺牲了。那一次，因为受伤的人太多，绷带不够用，陈则敏又忍着疼痛把包在自己手上的绷带解下来给重伤员包上。

用罐头盒做高音喇叭筒

敌人的炮火、战友的牺牲给放映组带来了沉重打击，使陈则敏更深刻地认识到这份工作的危险性，但他没有放弃。除了这些不利因素，陈则敏在技术上也遇到了一些困难。在放映的时候，他发现低音喇叭的纸盆因为面积大，又与空气直接相通，很容易被炮击的气浪震坏。陈则敏就考虑用高音喇叭。但是部队当时只有高音喇叭头，没有筒子，他就想办法和助手利用罐头盒的铁皮一节节地做成了一个小型高音喇叭筒子，这样不但避免了因为喇叭损坏而影响放映，而且在运输携带上也方便多了。

在停战以前，放映组的工作是比较紧张的，有时候一个月要放映六十五场电影。当时影片、器材的供应也很困难，领取一部影片或一批器材，要带上干粮，往返跑上两天，翻过几座大山到军部去背。由于供应上的困难，放映机上的抓片爪一直要用到只剩下一个齿的时候才换下来。在器材供应不上的时候，放映机的工作指示灯坏了，陈则敏和助手就改装了灯座，用其他灯泡代替。放映机的马达皮带用得久了，老是打滑，没有新的代替，他们就将松脂涂在上面，增加它的摩擦力，坚持用下去。在不断地研究和摸索中，他们掌握了多种土办法，保证了放映工作的顺利进行。

前线的战士们长年累月住在山沟里和河边，文化娱乐活动十分匮乏。除了电影之外，只有留声机、收音机和几副破烂不堪的扑克牌。留声机和收音机常常因为用得太多而损坏，坏了之后送回国内去修理要花很长时间，陈则敏和助手就主动利用放映的空隙时间为战士们修理。

1953年7月，朝鲜停战之后，陈则敏的放映组更加活跃了。从一台机器、三个人，逐渐发展到四台机器、十多人。除了朝鲜前线之外，还有很多放映员在北大荒、边防海岛上默默工作。在中越边境附近，一个放映组在两年十个月的时间里，在边防山区巡回放映了二十二圈，步行八千公里，共放电影五百零五场。

（本文选自《河北青年报》）

扮个小姑娘　日军上了当

文/家　瑶

老肖是湖北省黄梅县的一个农村的放牛娃，后来在当地游击队的影响下，他和村里的几个小伙伴一起，参加了新四军游击队。当时他是游击队里年龄最小的一名战士，只有十三岁。

在游击队驻地不远的一个小山坡上，驻守着一个中队的日本兵。小山坡四面是河，河上架着一条长长的木桥，日本兵荷枪实弹站在桥头，一般人想进入日军这据点，真是很难很难！

这天，游击队队长找小肖谈话，对他说："小肖，今天晚上，有个重要任务交给你，你必须很好地完成！"队长说："日本鬼子那头目，今天晚上又要老百姓给他们送几个'花姑娘'，我们决定要你男扮女装，化装成'花姑娘'打进去，把那个小日本鬼子的大尉干掉！"

这天傍晚，小肖在队长的帮助下，认真地化好装，穿上一件漂漂亮亮的花衣服；扮成小女孩子的小肖，对着镜子一照，嗨！这真像一个漂漂亮亮的小姑娘哩！

晚上，小肖和其他几个小姑娘一起，被送进日军据点。

路上，小肖故意害羞地低着头。他的右手，却紧紧地握住衣服里的手枪，随时准备战斗。

此时，游击队员们在外围也布置好准备接应。

当那个日军的大尉，看到又送来了好几个"花姑娘"，尤其发现"花姑娘"中还有一个年纪小、长得又特别漂亮的小肖"姑娘"时，这个坏家伙的眼睛都直了！只见他急不可待地，一边哇哇地笑着，一边伸手来搂抱小肖！

在日军大尉的手摸他的胸口时，小肖再也忍不住了——只听一声枪响，日军大尉的肚皮，被小肖手里的枪打开了花！

紧接着，枪声大作。由于我们的游击队早做准备，里应外合，外围的游击队一齐杀过来，将日军团团包围起来，打得日军丈二和尚摸不着头脑，死的死，伤的伤，投降的投降……

（本文选自旌德县新四军官网）

刘飞学字——杀一个敌人认一个字

文 / 叶青松

刘　飞

在南京军区军史馆的陈列品中，有一本朱德签名赠送给时任华东野战军二师师长刘飞的书——《向列宁学习工作方法》。这是2006年5月南京军区军史馆在征集文物时，刘飞的夫人朱一特别捐赠出来的。泛黄的书页，无声地讲述着刘飞将军学字的动人故事。

刘飞少时不识字，因为不识字，参军时自己的本名“刘松卿”被文书错写成了“刘松清”，他也浑然不觉。从那一刻起，在人民军队的队伍中，“刘松卿”变成了“刘松清”。

刘松清参加红军后打的第一仗是袭击平汉线上的杨家寨车站。1930年6月11日夜，红一军副军长兼第一师师长徐向前率领红军，秘密包围了杨家寨车站。驻守车站的国民党兵睡得烂熟，呼噜声老远就能听到。

12日凌晨3时许，冲锋发起。刘松清迫不及待地抽出背上的大刀，纵身一跃，冲在最前面。国民党兵突遭偷袭，顿时乱成一团。有几个士兵在长官吆喝下开枪还击，打伤了刘松清身边的两位红军战士。刘松清见状，挥刀迎着国民党兵的枪口就扑了过去。敌人被这个不怕死的红军战士吓蒙了，没等回过神来，便命丧刀下。战后，刘松清受到了表扬，被提拔为副班长，还加入了中国共产党。

可此时的刘松清却因不识字而深感烦恼，心想：“干革命光能冲冲杀杀不行，没有文化，只能糊里糊涂干革命。”于是，在战斗间隙，刘松清总是请求连队文书教他识字，还把文书写给他的字贴在战友的背包上，一边行军一边温习。一次休息时，刘松清又缠着文书教字，文书说：“你不注意休息哪有劲儿杀敌人？”刘松清说：“我有的是力气，就是没文化。不信，我杀一个敌人，你就教我认一个字，怎么样？”文书敷衍着答应了。

刘松清却当了真。1931年3月9日，在广水县（今广水市）双桥镇战斗中，他一人砍杀敌军二十余人。战后，他找到文书说："你说过的，以杀敌的个数来换字数。"文书笑着教会了刘松清二十多个字。在国民党军连续对鄂豫皖根据地发动的军事"围剿"中，刘松清就以这样的方式从文书那里"换"回来不少字。

1931年秋，"肃反"运动和国民党军对鄂豫皖根据地发动的"围剿"，使红军干部损失很大。部队没有干部不行，上级便要刘松清到红四军第十师第二十九团二营五连当排长。自此，刘松清成长为红军的一名指挥员，后来又历任连长、指导员、教导员。1933年11月，红四方面军反六路围攻时，他当上了红四军第十二师第三十五团政委。

1935年3月，红四方面军开始长征。6月，刘松清调任红四军第十一师第三十四团政委。1936年4月，又升任红四军独立师政治部主任，10月，随红四方面军到达陕北。长征途中，刘松清不忘识字。到达陕北后，他参加了抗日军政大学第三期学习，不但学到了文化知识，政治理论水平也有了明显提高。

那么，"刘松清"是如何变成"刘飞"的呢？这里面还有陈毅为刘飞两次改名的故事哩。1938年4月，中共中央决定从抗大毕业的学员中抽调部分优秀的红军指挥员到新四军工作，刘松清名列其中。1939年5月，刘松清所在新四军第一支队第六团以"江南抗日义勇军"的名义，越过京沪铁路到苏（州）、常（熟）、太（仓）地区活动，陈毅为刘松清改名为"刘清"；第二次是在1941年10月，部队渡江北上江（都）、高（邮）、宝（应）地区，开辟新的抗日根据地，陈毅又将"刘清"改为"刘飞"。

那时，汉字尚未简化，"飞"字的繁体特别难写。从未踏进学堂门的刘飞觉得，写自己的名字比打仗还困难。开始一段时间，每当批阅电报费劲地写着"飞（繁体为'飛'）"字时，他总不免要嘟囔一番："这个陈军长，真会捉弄人！"说完，自己也会笑起来。

后来，刘飞娶了大学生朱一后，陈毅还开玩笑地说："看样子，把你的名字改成'刘飞'是正确的嘛！你娶了个大知识分子，再写简单的字，那可屈才喽！"

时间飞逝，1948年5月4日，朱德在陈毅和粟裕等领导陪同下视察华东野战军。此时，刘飞已在二师担任师长。朱德把随身带的《向列宁学习工作方法》的小册子送给了刘飞等师领导，并在刘飞的那一本上亲笔题词——"二师师长刘飞同志：你们要学习列宁的工作。朱德赠"。

后来，刘飞当上了解放军第二十军首任军长，后又出任安徽省军区司令员。可他最爱的事，还是读书、学字。有一次，他因读书太过专心，被油灯烧了眉毛。那几天，恰逢朱德到安徽视察。朱德见到刘飞光眉毛的样子，就关切地询问原委，一旁的省军区政委曾希圣便向朱德讲起了刘飞读书把眉毛读掉了的事。朱德听后，哈哈大笑起来，说："我在安徽见到了一个读书把眉毛读掉了的司令，了不起啊！"那次，朱德在离开时，又特意给刘飞赠送了两本书。

（本文选自《解放军报》）

铁流·熔炉

文/宋廷铭

1941年10月28日这永远不忘的日子，我和中共浙南地下党支部党员杨力航，带着组织的介绍信到达苏北东台三仓河参加新四军，被编入抗日军政大学五分校的苏中大队三队（学生队）。力航在一班，我在九班。不久，我俩就担任副班长（学习班长）。我们除学习军事课外，还学习中华民族解放运动史。大家学得很认真，很有兴趣。

我们的课堂是老百姓的打麦场，书桌椅就是我们的背包，武器一刻不离身。不久，遭日军突袭，我们背起屁股下的背包，拿起套筒枪，就跟着队长向枪声的反方向跑。所幸的是，校部领导早有准备。虽然“三八”枪声已到我们脚跟，但一、二队（军事、政治的连排干部队）同学把敌人火力引过去了，他们有少量伤亡，我们三队无伤亡。打退敌人之后，我们总结经验教训，并继续上课学习。后来我们南下参加丰利战斗，从苏中三分区转移到苏中四分区，进驻海复镇的海复中学（学校放寒假）。

这已是1942年的春天了。抗大五分校苏中大队改编为抗大九分校。粟裕师长亲自担任我们校长。学校成立参谋队，力航调参谋队学习。三队整编时，宣布我到一队（连排军事干部队）去当文化干事，给老红军和连排军事干部讲自然常识，传播科普知识。完成一队课程后，我又调二队（政治干部队）工作。

1942年夏天，日军发动“清乡”“扫荡”，还搞什么竹篱笆，要分隔抗日民主根据地军民，企图消灭我们在四分区。粟裕师长决定我们九分校借老百姓海船，北上斗龙港。这一路北上的海上生活，很艰难。主要是我们不习惯海浪的颠簸，有的同志说自己的肝胆内脏都要吐出来了。我们的一位军事教员，是从国民党军过来的，人很胖，说自己吃不消，不坐海船独自走了。后来我们怎么找，也没有找到他。再一大困难，是没有淡水。海水不能喝，我们的腿都肿了。为了找淡水、买淡水，想请老乡帮助，白天怕暴露，只有夜间行动。

我们到盐城斗龙港之后，又接到粟师长要我们南下的命令。这时是我军最艰难的时期。党中央发表“精兵简政”的新华社社论。部队精简，老弱病残、怀孕妇女都动员回家。苏德战场进入莫斯科保卫战时期。我们南下途中，带着苏德战场地图，天天在上面插红蓝旗。

1943年春节，年三十夜，大雪纷飞，我们在扬中过长江。上岸后，当夜过铁路。老红军和老战士中许多人从来没有见过铁路，十分稀奇又紧张。他们在轨道旁停留了好一会儿，抚摸着冰冷的铁轨，贴耳倾听铁轨传来的声音，直到队长发脾气了，他们才跑步离开。

部队到苏南地区，驻上芝山、下芝山一带。粟师长将一、二、三旅的教导队和六师十八旅的教导队，都合并到抗大九分校来，编成三个大队、九个连。我所在的二队编为三大队九连，学员都是前线调回来培训的连政治指导员和打算培养为连指导员的班排干部。校部又决定，将原在九分校各队的政工干部和文化教员，都调到九连“下连当兵”锻炼。因此，杨力航、朱觉、冒进、曹维东等同志都来了。不久，我也从连部下到班里锻炼，在成立连队俱乐部时，又被同志们推选为连队俱乐部主任。

我们抗大九分校在上芝山、下芝山一带，安安静静地学习了两个多月，没有行军打仗，主要任务是整风，学习刘少奇的《论共产党员修养》。我从连部到九班之前，有两件事记忆犹新。我们连部，除连长、指导员外，和我生活在一起的，还有党支部书记朱后年，两位政治教员刘冰和沈玉明。刘冰是老红军、江西老表，我调到二队（政治队）当文化教员时，他已是那里的政治教员。我们相处一年多，有一种特殊的感情，因为他是在皖南事变中突围出来的，原是皖南教导队文化教员，金冶、许布洛都是他的学生。说到杨力航和我都是温州人，他对我俩，就特别亲。朱后年与我是同龄人，我们睡一张床，无话不谈。他少时家庭很贫苦，要过饭，当过童工，从小就营养不良。这年苏北特别冷，单穿棉袄还不行，我从家里带来的毛线衣，一直惜不得（即“舍不得”，这是我家乡方言）穿，怕天气还要更冷。朱后年看我不穿，他就要借。起初我不表态，心

晚清状元、实业家、教育家张謇在吕四垦区建立的高等小学校址，后成为通师侨校、抗大九分校

中国人民抗日军政大学的学员在学习

想天再冷时，他可能还不了我。更惜不得的原因，这是我二嫂织给我送别的毛线衣，是我从浙南背到苏北来的一份亲情。后来看到朱后年光淌鼻水，他体弱，我比他强，就把毛衣借给他了。他要把自己的毛毯借给我，我不要。北风吹，雪花飘，我感冒发烧了，还是坚持行军。朱后年把毛衣还给我，自己身上捆着毛毯，还用手拽着毛毯两角走路。行军中，我听到两位政治教员在争吵。沈玉明是位老同志，他不断地在表扬朱后年。刘冰可气不过，说："小宋都冻得发烧了！"又说，"一个有毛衣，一个有毛毯，本来就已经摆平了的事！"

沈玉明，来新四军之前，原是北京中华邮政总局地下党领导人之一。在抗大九分校这期间，这位年长者，行军中与我们一样背背包，我们非常尊敬他。沈教员对我很好。有件难忘的事。在我的背包要拿到九班去的时候，他问我："《论共产党员的修养》核心思想是什么？"我回答不上，此书我已读了多少遍，可不知道核心思想是什么，自感惭愧。他诚恳地说，这是革命者的世界观、人生观问题，做人的道理。他建议我把第六章的"党员个人利益无条件地服从党的利益"多看几遍，领会其核心思想。我到九班后，班里同志们很欢迎我，因为我可以给他们当小教员，讲什么是革命者的世界观、人生观。

1927年，蒋介石破坏第一次国共合作，发动了四一二反革命政变。而1943年的4月12日，蒋介石又不顾民族大义，妄想联合日军发动第二个皖南事变，在苏南地区围杀我新四军一师抗大九分校和六师十八旅。粟师长立即命令九分校突围，跳出日军和国民党顽固派军队的包围圈，过铁路、渡长江，打回苏北。

这一仗，我们打得很壮烈，牺牲了不少营连干部和更多的班排干部。我们三大队九连的干部和学员奉命参加铜山战斗，面对国民党的"忠义救国军"，我们在铜山阵地挖出道道壕沟，准备决一死战。当时我们连装备的是套筒枪，每人只有三五发子弹，身上背的子弹袋，里面装的都是芦秆做的假子弹，手榴弹也是木头做的。到了中午时分，校部杜屏教育长下命令，把九连撤出阵地，调二大队的班排干部队上来接防。我们九连撤下后，大约下午4时，太阳西斜的时候，铜山阵地上枪响了。起初，我们有的同志起来喊"中国人不打中国人"，暴露了目标，中弹牺牲。后来，大多数

同志在子弹、手榴弹打完后，跳出战壕和敌人拼刺刀，血洒战场。这个英勇的连队，从连长、指导员到学员，全体牺牲。我们悲痛极了！

事后我们才知道，杜屏教育长下决心将我们九连撤下来，是为了保存部队的政工力量。前面说过，我们这个九连是由前线调回来培训和打算培养为连政治指导员的干部，还有原在各队的政工干部和文化教员组成。如果不是二大队的班排干部队上去，那么全体牺牲的一定是我们九连。

粟师长决定突围，我们突围后不恋战，边打边走，白天隐蔽，夜里走。国民党自南向北，日军自东向西，追赶我们，北边是宁沪铁路和长江。我们靠的是自己两条腿，说也巧，最后一晚要跑一百三十里，我正好担任班里“值日”，全副武装，除背米袋外，还要加两个洗脸盆、一个满满的油瓶，我感到很自豪。夜间行军，最怕的是狗叫，地方工作的同志就动员老百姓杀狗。有的百姓舍不得杀，发明了一种竹子编的笼口套在狗嘴上。所以刚开始还听见过几声狗叫，后来真就静悄悄的，一点儿动静也没有。

我们先是离汪精卫的南京伪政府很近，在龙潭过铁路。越过后，龙潭伪军躲在后面碉堡放了好多枪，大家都说我们的敌工工作做得很出色，这枪声是欢送我们的。我们跑步到达长江边，见到有好多条早已升起帆篷的大船，趁日舰在江上巡逻的空隙，我们九分校全体人员上船过大江。天未完全亮之前，我们就在六合仪征（江面最窄处）靠边上岸，部队分散到老百姓家休息。老百姓热情接待我们，烧水洗脚。想想，身上背那么多东西，一夜跑一百三十里，了不起吧？更了不起的是，我们的大部队能够跳出日顽联合的包围圈，一夜之间，越过铁路和长江两条封锁线，胜利回到苏北，这全靠“老百姓的军队有老百姓支持”！这也彻底粉碎了国民党妄想制造第二个皖南事变的痴梦！

抗大九分校，是距离日伪黑暗统治中心南京、上海最近的活跃的钢铁赤流！更是培养蒋家王朝掘墓人的革命熔炉！我的校友们都为母校而万分骄傲！

（本文由北京新四军研究会供稿）

我们的竹子医院

文/唐　求

1937年下半年，日本帝国主义开始大举向江南进犯，我所在的南京护士学校这时被迫撤到长沙。1938年初，我和学校的一批女同学，满怀抗日救国的强烈愿望，经长沙八路军办事处介绍，到了南昌新四军筹备处。后来，随新四军军部来皖南，开始筹办新四军的第一所医院。

一

开始筹建医院时，遇到了很多困难，第一个困难就是病房问题。当地群众的住房本来就很挤，哪来现成的房子呢？我们就把医院设在一座年久失修的破庙宇里。当时的军医处和医院领导沈其震、戴济民、宫乃泉、崔义田、齐仲桓、王聿先等同志和医护人员一起，修整庙房，粉刷墙壁，很快就把整个破庙整治一新。接着，我们划分了病房、药房和医护人员办公室。这样算是有了医院了。

房子不管怎么拥挤，总算是有了。各种器具和用品哪里来呢？靠自己动手解决。没有床，便把稻草铺在地上，四周用砖一垒，上面铺条白床单，标上床号，便成了病床；没有桌子，捡来一些砖头垒起来，用石灰一刷，就成了桌子；没有痰盂，用三块砖头堆起来，里边放点灰土，也可对付；没有高压消毒设备，被称为“小木匠”的殷才高同志，就用木料做个蒸笼代替，消毒问题也解决了。后来，又通过各种关系，几经周折，在外地搞到一台显微镜，一台X光机和一部发电机，这就建起了化验室、药房和手术室，医院便算建成了。以后，随着部队的发展，战斗日趋频繁，伤病员越来越多，靠这个破庙医院，怎么也挤不下了。我们又在当地群众的帮助下，买来竹子，割来茅草，很快搭起了一幢一廊两面的竹子病房，竹梁、竹墙、竹门、竹窗、竹床、竹凳，甚至还把一些医疗器具和生活用具也换成竹子的，如装药的盒子、发药的盘子、换药的镊子、盛药的橱子，以及抬伤员的担架等。医院建成以后，大家说："请叶挺军长来看看我们的竹子医院吧！"叶挺军长听了，很高兴地来了。他很满意地连声说："好，很不错，又漂亮，又亮堂。但是，要注意防火，可别失火烧掉了。"

虽然当时条件很艰苦，设备简陋，但领导对医护工作的要求却非常严格，对医疗工作抓得很紧。医院里有值班制度，值班室一天二十四小时都有值班人员；有巡诊制度，医生一天三四次到病房查询病情；有饮食制度，其中分普通饭、软饭、流质和特别饮食等。此外，如护理、查对、发药、打针、换药和清洁卫生等都有具体细则。所以，在那样困难的条件下，虽然接收那么多的伤病员，却没有发生过重大医疗事故。

建院难，搞药更难。当时正是国共合作时期，按理说，国民党政府应该按规定发给我们药品和医疗器材。可是消极抗日、积极"反共"的顽固派却违反协定，拒发给我们，因此能弄到的药品少得可怜了。

为了得到最起码的药品和医疗器材，军医处长沈其震经常带着几名医护人员，四处奔走，筹办药材。他们一是依靠各地党组织的大力支持，二是争取红十字会等一些爱国团体和爱国人士的支援，三是发动自己的同志求亲告友，取得帮助。

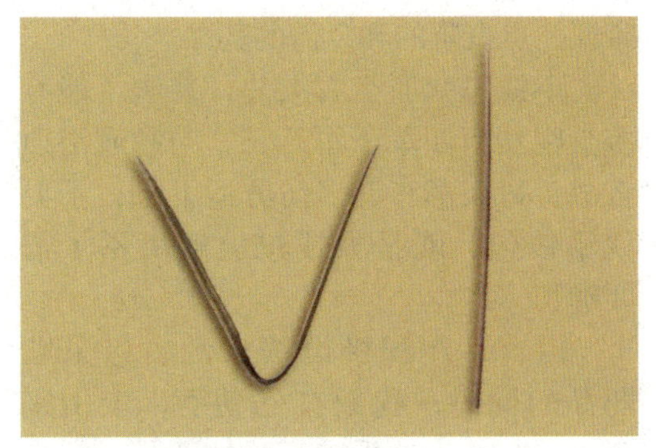

新四军后方医院卫生员为伤病员动手术时用过的竹钳子、竹探针

买药不容易，运药更不容易。当时，武汉、南京、上海、杭州等城市都已沦陷，到处都是日本侵略者的关卡，新四军处在日军和国民党军的包围里，运输十分困难。

为了运输药品，我们只好把搞到的药品从内地运到香港，再从香港找到有影响力的上层人士，以大客商的名义运到上海，然后穿过日军的层层封锁线和检查站，运来皖南。当时皖南一没铁路，二没公路，除了有时利用河流用竹筏运送外，全靠肩挑人抬。就这样搞来的一点药品，在经过国民党防区时，还要受到百般刁难。

后来，随着战火蔓延，日军的关卡越设越多，检查越来越紧。国民党军又处处制造摩擦，更加严密地封锁我们。沈其震、戴济民和一些负责采购的同志，千方百计找朋友、托亲戚，建立地下采购站，把药材运进来。

后来，日军关卡检查更紧了，除小姐、太太手里提的小钱包以外，其余不论什么东西，也不管是谁的，都要检查。为了通过敌人的检查，采购药品的几个女同志分别扮成小姐、太太，冒着生命危险，一次又一次地用小钱包从敌占区带回一点贵重的和急需的药品。

小钱包就那么大点儿，装满了能有多少呢？新四军千军万马，与敌顽浴血奋战，每天都有许多伤员运下来，不要说小钱包，就是大钱包也解决不了需要啊！

因此，在积极设法从敌占区采购药品的同时，我们自己动手，上山采药。一些在当地采集不到的药品，就想方设法以土代洋。没有乳酸钙，就把鸡蛋壳研碎代替；没有酒精，就把烧酒加工一下来用；没有凡士林，就用猪油代替；等等。对于一些无法代替的药品，如麻醉剂、注射液等，药剂师就自己配制。自己配制药剂，如果是现在，不算新闻，可在那时候，别提多难啦。比如，配制葡萄糖注射液，按规定要在专门的无菌室内进行，用的蒸馏水，要经过无热源处理。当时没有这些条件，我们就在竹子药房内拉起帷布，再进行严格消毒，尽可能做到无菌。没有无热源设备，药剂员就采取反复多次蒸馏的办法，努力减少杂质。经过种种努力，终于配制出大量的注射液和各种针剂，及时抢救了危重病人，而且从来没有发生过严重的不良反应和感染。伤病员赞扬说：“我们新四军的竹子医院，成了钢铁医院啦！”

二

1939 年 3 月下旬的一天，是我们终生难忘的时刻。那天一大早，军部就通知我们：“周恩来副主席今天要来医院看望大家。”

啊！党中央、毛主席派敬爱的周副主席看我们来了！光辉的延安，您在时时惦记着您在南方的儿女啊！

当时，大家的心情又激动，又焦急，感到非常幸福。大家等啊、想啊、看啊、盼啊，终于不知是谁喊了一声：“周副主席来了！”

大家一听，都立即朝着发出喊声的地方跑去。只见周副主席身着褪色的新四军灰军装，迈着稳健的步伐，亲切地招手，微笑着向我们走来了！

周副主席走到我们中间，亲切地说：“同志们好！”

周副主席摆摆手，示意让大家坐下，接着给我们做了十分鼓舞人心的报告。周副主席讲了抗日斗争的形势，讲了党的统一战线，赞扬了我们医院的建设。针对我们这些小知识分子思想状况，特别讲了党对知识分子的政策，讲了知识分子的重要作用，教育工农出身的干部要信任、团结知识分子一道工作。最后，周副主席语重心长地勉励我们，要把自己的知识和技术贡献给革命，要全心全意为伤病员服务，为加强人民军队的医务工作作出贡献。周副主席讲完话以后，我们都拿出纪念册，紧紧地围在他的身边，请他留言纪念。周副主席很愉快地答应了我们的要求，一个个询问了姓名，一一写留言，并签署上“周恩来”三个字。当周副主席给护士蒋智和同志写留言时，亲切地问她：“蒋智和，你是哪里人呀？”蒋智和回答说：“我是江苏宜兴人。”宜兴当时已经被日军占领了，周副主席就在蒋智和的纪念册上写上：“打回宜兴老家去！”后来，小蒋生病了，周副主席知道后，又亲自来到她的床前，安慰她说：“你要安心养病，不要心急，你应该相信别人会把工作做好的，养好病再好好工作嘛。”

周副主席亲自来看望小蒋，感动得小蒋忘记了病痛，热泪扑簌簌地掉了下

来。正当小蒋激动得无法平静的时候，我们敬爱的周副主席又叫身边的工作人员，把他自己的一只铁壳鸭嘴形进口三磅热水瓶，还有一位外国朋友送给他的一盒沙利文牌奶油饼干，一起送给了她。小蒋接过这两样无比珍贵的礼物，嘴唇颤抖了，嗓子哽咽了，激动得连半句话也说不出来。

三

周副主席的亲切关怀和教育，给我们指明了方向，开阔了眼界，也给了我们增强克服困难的勇气。大家齐心协力，团结奋战，克服了重重困难，加强医院建设，先后开设了两个门诊部和一个前方病房。在教学条件很差的情况下，还举办了五期医训班，培训了一百六七十名医护人员。然后，又把这些同志分配到各个支队、纵队、团和营。接着，他们又在各个支队办起了医院，在各团建立了卫生队，营里配备了卫生员。这样，很快就形成了一支生气勃勃的卫生大军。广大医护人员经常用周副主席关于全心全意为伤病员服务的教导勉励自己，进一步增强了对伤病员的阶级感情，端正了为伤病员服务的态度。每当伤病员一到，大家不管多么疲劳，也不管是否轮到自己上班，总是争着承担最繁重的工作，耐心地给重伤员喂饭、喂水、洗脸、擦澡、洗脚、洗衣服、擦疥疮药膏，有的还背着、扶着重伤员去大小便。为了使伤病员早日恢复健康，我们的医护人员自己生了病，都舍不得用药，把药品省给伤病员用。有一个医生患了严重的肺结核，经常大口大口地吐血，可他连一点乳酸钙也舍不得吃，吃一点蛋壳粉就算了。伤病员看到医护人员这种舍己为人的无私精神，很受感动，他们身体稍好一些以后，就主动帮助医护人员做一些力所能及的事情。很多同志积极要求早日重返前线，为人民杀敌立功。

1939 年夏天，美国进步作家史沫特莱远涉重洋，来到新四军军部和我们的医院，当她亲眼看到我们的医护人员全心全意地为伤病员服务的动人情景时，非常感慨地说：“我到过许多国家，看过许多陆军医院，从来没有见过这么好的陆军医院。我要向全中国、全世界宣传，要让全世界的人都知道这所好的伤兵医院！”

从此以后，我们看见史沫特莱女士多次出入病房，和医护人员交谈，她一边观看，一边询问，一边用她随身携带的英文打字机，“啪啪啪”不停地打着，准备把新四军英勇抗战的光辉业绩和新四军卫生战士的生动事迹，发向全中国、全世界，有力地扩大我军的政治影响。

（本文选自《云岭烽火》）

抗日战争时期的妈妈

文/牛宝成

赵一曼烈士

赵一曼雕塑

苏联莫斯科东方大学学习。在那里，她与同是来自黄埔军校的同学陈达邦相识并结婚。

一年后，由于国内急需做地下工作的优秀干部，经过一番思想斗争后，已有五个月身孕的赵一曼毅然告别丈夫回国，被党中央派到宜昌从事地下工作。她在宜昌生下一个男孩，取名“宁儿”。在此后的几年里，她带着儿子从宜昌到南昌，再从南昌到九江，又从九江到上海，历尽千辛万苦。特别是前往上海找党组织的途中，身无分文的她，背着宁儿一路讨饭。为了躲避敌人的追捕，她曾在儿子的脖子上套一个草圈假装沿街叫卖孩子。九一八事变后，赵一曼主动要求到东北工作，得到党组织的批准。临行前，她将宁儿送到武汉陈达邦的哥哥家里，然后硬着心肠流着泪离开了向她扑来的儿子，到东北去了。

背着宁儿讨饭寻找党

赵一曼，原名李坤泰，1905 年生于四川宜宾的一个小地主家。受五四运动的影响，赵一曼的头脑里充满了革命进步思想。

1924 年 8 月 6 日，赵一曼在《妇女周报》上用“一超”的名字发表了要求脱离家庭的宣言。同年，大姐夫郑佑芝介绍她加入中国社会主义青年团。两年后，积极进步的赵一曼考入黄埔军校武汉分校女生队，成为近代中国第一批女军校学员。1926 年，加入中国共产党。1927 年，四一二事变后，赵一曼离开武汉与党中央取得联系。9 月，她被派到

“红枪白马”女政委

1932 年春，赵一曼来到东北；两年后，被分配到珠河（今黑龙江尚志市）中心县委担任委员，并以县委特派员的身份到游击区展开工作。1935 年秋，赵一曼兼任东北人民革命军第三军一师二团政委。

在部队中，赵一曼给人的印象是穿着羊皮袄，敞着怀，里面穿着深灰色的棉衣，系着腰带，头戴一顶黑色狗皮帽子，齐耳短发露在外面，黑里透红的脸上一双大眼睛格外有神。她的坚毅果敢、平易近人，很快赢得了大家的信任和尊重，当地战士们亲切地称她为“我们的

赵一曼母子唯一的合影

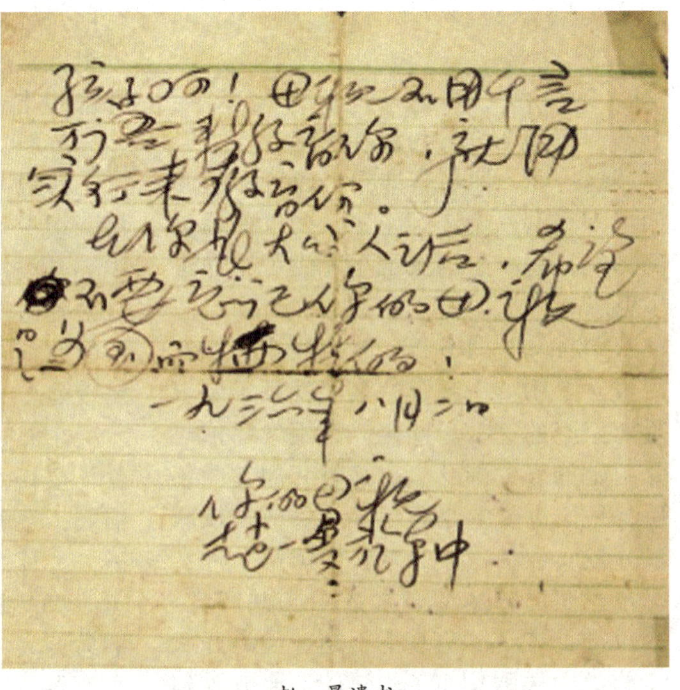

孩子啊！母亲不用千言万语来教育你，就用实行来教育你。

在你长大成人之后，希望不要忘记你的母亲是为国而牺牲的！

一九三六年八月二日

你的母亲赵一曼于车中

赵一曼遗书

女政委”。

一次，赵一曼和另一名女战士主动承担了转运武器的任务。她们到交接地点领到武器后，用油布、油纸包起来，放进了马拉的大粪车中，直接向城门赶去。

车到城门口，日军捂着鼻子嫌臭，躲得远远的。专管乱翻乱搜的伪军见是大粪车，也喊着“快走！快走。”车老板猛加几鞭，粪车就出了城，车上的武器很快就转到了部队手中。

赵一曼不仅机智过人，而且也骁勇善战。在平时的战斗中，赵一曼手提砍刀，威风八面，表现丝毫不逊于男战士。

赵一曼在哈尔滨以东的侯林乡、亮珠河一带组织群众开展武装斗争，工作搞得有声有色，这引起了日伪军的注意，当年的《大北新报》和《哈尔滨日报》上都登有报道，文章把赵一曼写得神乎其神。1935年11月的一天，赵一曼负责掩护部队突围。在赵一曼和战友们的努力下，大部队顺利突围。赵一曼等人却在完成掩护任务撤出时，与敌人遭遇，并在战斗中负伤，在一个农民家中养伤，后被俘。

临终遗书催人泪下

赵一曼被俘后，被敌人转到哈尔滨的一所医院进行审问。在医院里，赵一曼向监视她的伪警和医护人员讲爱国道理，鼓励他们进行爱国革命。很快，伪警察董宪勋和护士韩勇义便成为赵一曼的“革命战友”。

1936年6月28日晚，董宪勋和韩勇义负责协助赵一曼实施“突围”计划。30日早，在距游击区仅有二十余里的阿城县（今阿城区）李家屯，赵一曼一行被伪骑警追上，赵一曼再度落到敌人手中。在审讯室中，日军对赵一曼使用了各种非人手段，甚至动用了最新发明的电刑，却仍然没有从赵一曼口中得到任何有价值的东西。

当时担任审问的日本军官回忆说：“我们都失望了。很难理解，是什么力量支撑着赵女士这样一个年轻女共产党员有如此钢铁般的毅力，竟然能长时间熬住帝国最新式的电刑。我们实在想不出还有什么更厉害的刑罚了。”

8月1日，他们将赵一曼押上了开往珠河的火车。在生命的最后时刻，赵一曼想到了她幼小的儿子。她向敌人要来纸笔，给儿子留下了最后的遗言：

宁儿：

母亲对于你没有尽到教育的责任，实在是遗憾的事情。

母亲因为坚决地做了反满抗日的斗争，今天已经到了牺牲的前夕了！

母亲和你在生前是永远没有再见的机会了。希望你，宁儿啊！赶快成人，来安慰你地下的母亲！

我最亲爱的孩子啊！母亲不用千言万语来教育你，就用实际来教育你。

在你长大成人之后，希望你不要忘记你的母亲是为国而牺牲的！

1936年8月2日是赵一曼人生中的最后日子。赵一曼被转送到珠河县，敌人把赵一曼放到一辆马车上游街。此时的赵一曼又唱起了她最喜爱的《红旗歌》：“高高举起啊！血红旗帜，誓不战胜，终不放手……”就义时，赵一曼年仅二十一岁。

（本文选自《环球时报》）

我的奶奶戎冠秀

文 / 李耿成

戎冠秀

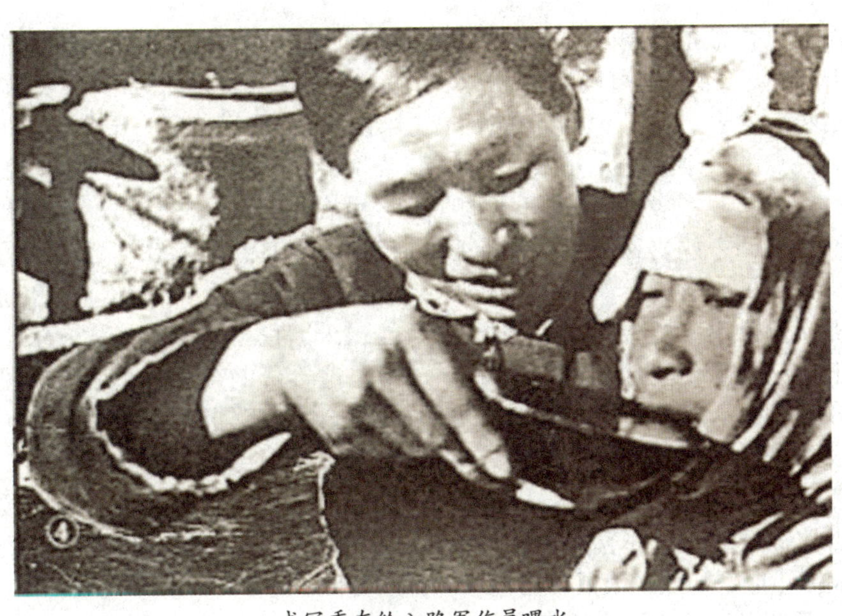

戎冠秀在给八路军伤员喂水

我的奶奶戎冠秀是享誉全国的“子弟兵的母亲”，是爱国拥军的一面旗帜，她一生爱兵如子，对人民军队有着特殊的感情。著名诗人田间的长诗《戎冠秀赞歌》开头是这样写的：“我唱晋察冀，山红水又清，这位好老人，好比一盏灯，战士给她火，火把灯点明，她又举灯来，来照八路军。”这朴实的诗句为奶奶做了生动的题像。

我三岁就和奶奶一起生活，经常听奶奶讲过去的故事。奶奶的谆谆教诲我时刻牢记，奶奶的模范事迹和献身精神不断激励我，慈祥的奶奶永远活在我们心里。

1937 年，卢沟桥事变后，八路军开进了太行深处的平山县。很快，共产党“一致对外，抗日救国”的口号传遍了每一道山沟，平山县迅速成为我党创建的第一个敌后抗日根据地——“晋察冀边区行政委员会”的腹地。我的家乡下盘松村也成立了农救会、妇救会、青抗先和儿童团等群众组织。我爷爷担任了村里的农救会主任。1938 年 2 月，奶奶光荣地加入了中国共产党，并担任了下盘松村的妇救会会长、伤病员转运站站长，而且连选连任了好几年，从此落了个“老会长”的外号，远远近近，一提起老会长几乎无人不知。入党后，奶奶除了关心丈夫和孩子，还特别关心村里的事情和来来往往的八路军，把做军鞋、做军衣、交公粮、出公差勤务、照料伤病员看得比自己家里的事还重。

1941 年至 1943 年，日军对我晋察冀边区根据地进行了惨绝人寰的“大扫荡”。在反“扫荡”中，奶奶艰难地迈着小脚，带领妇救会会员给前线的战士送水送饭；日军进村时，奶奶担负着坚壁清野、转移群众的任务，常常几天几夜不能合眼。

一次，有位重伤员，头上被敌人砍了六刀，血肉模糊，奄奄一息，抬担架的都说他没救了。奶奶先用温开水给伤员擦洗伤口，再敷上中草药。伤员牙关紧闭，喂到嘴里的水顺着嘴角流出来，奶奶就用小勺，轻轻撬开他的牙齿，再用勺一点一点喂，半碗水足足喂了一个小时。过一会儿，伤员慢慢睁开了眼，但是还不能说话，奶奶又喂了他一碗豆腐脑。看到伤员光着脚，奶奶就从我姑姑穿的棉衣里揪出一些棉花，为伤员包脚，终于把这名重伤员从死神手里夺了回来。分别时，这位伤员紧紧握着奶奶的手，眼含热泪，连声说："好老人，好老人，您比我母亲还要亲。"

奶奶救护过的八路军伤病员不计其数，但救护邓世军的故事最具传奇色彩。1943 年，邓世军在八路军老五团任连长。战斗中左胳膊负伤，还打摆子（发疟疾），住在白求恩大夫曾工作过的花木后方医院。敌人"扫荡"时，邓世军掉了队，和医院失掉了联系，被日军追赶，子弹在耳边嗖嗖地飞。奶奶冒着生命危险，凭着熟悉山里的地形，带着他摆脱了敌人，让他踩着奶奶的肩膀，藏进了秘密山洞，并在周围放哨，确认日军走了后，又给他找来吃的、喝的和治疟疾的中草药。经过几天的精心照料，邓世军重返前线。

巧的是，奶奶和邓世军都参加了晋察冀边区第一届群英大会，都做了大会发言。从奶奶的发言中，邓世军才知道反"扫荡"中救护自己的大娘原来就是戎冠秀。奶奶发完言后，邓世军跑到奶奶面前致谢。奶奶说："千万别客气！你们子弟兵为老百姓流血牺牲，谢谢你们了！"这次重逢他们才互相知道了姓名，才算真正认识了。奶奶非常关心邓世军，她抚摩着他身上的伤疤，问长问短，是那么爱怜，那么慈祥。邓世军更是把奶奶当作了自己的母亲，见了面总有说不完的话。在这次大会上，奶奶被授予"北岳区拥军模范——子弟兵的母亲"光荣称号，邓世军被授予"晋察冀边区子弟兵战斗英雄"的称号。奶奶和邓世军相处了数日，他们和"晋察冀边区爆破英雄"李勇三人合了影，还和边区首长刘澜涛、程子华、朱良才、宋劭文合了影，这珍贵的合影就是历史的见证。群英大会后，邓世军又给奶奶写了信，信中说："你是子弟兵伟大的母亲，我愿将我的枪端得平平的，瞄得准准的，去射击万恶的敌人，保卫你，保卫我们的晋察冀！"

1950 年，在北京召开的全国战斗英雄劳动模范大会上，奶奶和邓世军又戏剧性地在中南海怀仁堂重逢。亲人相见，分外亲热，他们像久别重逢的母子互相倾诉着千言万语。他们还幸福地同伟大领袖毛主席和中央首长一起合了影。

村里成立了垦荒团，奶奶任团长，破天荒地打破了山区妇女不参加田间劳动的习惯。村里从来没种过棉花，可子弟兵不仅要吃而且要穿。为了更好地支援前线，奶奶跑几十里山路向人请教种棉方法。她选了阳坡地开出一块田，精耕细作。功夫不负有心人，秋收时节，棉花丰收了，满地的棉桃绽开了嘴，白花花一片。奶奶成为太行深处第一个种棉人。

有了棉花，她又有了新目标——纺线织布。她利用到县里开会的机会跟房东学会了纺织技术，搬来下盘松村的第一台纺车。没多久，她把连纺车都没见过的大姑娘、小媳妇培训成一批纺织能手。奶奶她们用自己的棉花、自己的布做了第一批军衣。

她挨门挨户动员妇女到识字班读书，

戎冠秀

唱革命歌曲，她向妇女群众宣讲抗日救国和妇女解放的道理，向她们宣传放足、剪辫子的好处，浅显易懂，声声入耳。妇救会会员李黑妮突然“病死”了，奶奶觉得可疑，她冲破重重阻力，不顾尸体腐臭，开棺验尸，并透过种种蛛丝马迹，查清了真正死因是其丈夫勾结他人将其害死。最终，恶人受到严惩。妇救会会员们更把奶奶当成了主心骨。在艰苦的环境和残酷的对敌斗争中，她带领妇女们，积极拥军支前，救护伤员，妇女们挑起了支前和生产的重担。妇救会会员们做的军鞋，奶奶每双都要过秤，做军衣时，她要求单衣双线缝，倒钩针，棉衣要用新棉花，絮得匀，够分量。一次，奶奶发现有套棉衣是用旧棉花絮的，马上找到当事人。奶奶首先十分关切地问她儿子在华北联大学习的情况，以情感人，增加的亲和力，随后转入正题说：“你这套棉衣摸着有点特别，是不是晚上做活儿没看清，絮错棉花了？咱们的儿子在外头抗日闹革命，万一穿了不好的棉衣，咱当娘的该多心疼啊！”当事人虽然自知理亏，但嘴上仍说：“我可是絮公家发给的棉花，看在你的面上，我现在就换上我自己家的好棉花。”奶奶马上给她台阶下，说：“那我就先代表子弟兵谢谢你啦！”这样既照顾了当事人的面子，又保证了军衣的质量，做到了有理、有利、有节，让人心服口服。由于奶奶工作认真负责，一丝不苟，讲究方式方法，耐心细致，奶奶她们送的军衣军鞋，数量、质量回回第一。

在扩军大会上，奶奶第一个发言。她说：“我有三个儿子，全报名，验上哪个哪个去，都验上了就都去！要是不嫌我老伴老，让他也给咱八路军喂马。”在奶奶的带动下，革命老区出现了母送子、妻送郎，兄弟争着上战场的动人情景。我叔叔参军后多次立功受奖，壮烈牺牲在朝鲜战场（当时是炮兵连长）。在往后的岁月里，奶奶又先后送四个孙子、一个外孙和一个外孙女参军，报效祖国。

中华人民共和国成立后，奶奶仍然时刻惦记着解放军，多次向边防战士赠送锦旗，写慰问信，到部队讲革命传统。

建军60周年前夕，奶奶同县妇联的同志一起做了双纳底布鞋，寄给了聂荣臻元帅。聂帅很快就回了信。信中说：“这双鞋虽然很普通，但它包含了老区人民的心意，是军民鱼水情的结晶。”聂帅把这双鞋摆放在自己住室的茶几上，寄托了对奶奶的无限怀念之情。

（本文选自《非凡岁月》，有删节）

威震长空的“李世英中队”

文 / 陈唐晓

1950年初，十八岁的李世英从陆军转到空军航校当了一名飞行学员，那时候，他甚至连喷气式战斗机什么样都没有见过。由于空军初建，航校不仅飞机少，而且学员们仅能够学飞螺旋桨初级、中级教练机。然而，他们只用了短短半年时间就完成了航校的飞行训练任务。到达战斗部队不久，上级就要求他们马上改飞喷气式战斗机。由于战事紧迫，这些稚气未脱的小伙子在喷气式战斗机上仅仅飞了二三十个小时，就勇敢地驾驶着战机升空与敌人展开了厮杀。

1951年年底，李世英驾驶着米格-15战斗机首次参战，担任空四十五团副团长林广山的僚机。在这次空战中他首先发现敌机，为掩护长机，他对准一架偷袭长机的美机猛烈开火，敌机猛拐躲过李世英的炮火攻击，但机身却正好暴露在长机面前。林广山抓住战机，猛按炮钮，一举将敌机击落，取得了首战告捷的优异成绩。1952年下半年，经过米格-15改装之后，李世英担任了航空兵十五师四十五团一大队副大队长兼二中队中队长。他带领中队在朝鲜战场上与美国空军展开了一场殊死拼杀。

李世英从屋里拿出来一张泛黄的老照片，上面年轻飞行员的平均年龄还不到二十二岁，中队长李世英时年二十一岁，可他们打起仗来却有勇有谋，特别注重发挥中队的整体作用。李世英常对战友们讲，要战胜比我们强大得多而又经验丰富的美军，就必须扬长避短，发

米格-15 战斗机

李世英中队正在讨论战术

挥出我们的优势。我们的优势，第一，我们的战斗是正义的，得到了全中国和全世界爱好和平的人民的支持；第二，我们都来自陆军部队，在常年的战斗中形成了英勇无畏的战斗精神；第三，我们有爱国主义和集体主义精神。他要求大家坚决贯彻刘亚楼司令员提出的“一域多层四四制”的作战原则，中队与中队，长机组与僚机组，长机与僚机之间要形成一个坚强的整体，互相支持，互相掩护，充分发挥整体作战优势。他还提出，在困难时“支援掩护好战友比自己击落一架敌机更重要”和“长僚机亲如兄弟”的口号。他的作战指挥思想在二中队得到大家的认同，并且很快在实战中得到验证。

1953 年 1 月 20 日下午，我志愿军航空兵十五师十二架战机在朝鲜昌城靴子东南地区上空迎战来袭的美军十二架战机。带队长机、副团长吴胜凯命令：“一中队攻击，二中队掩护！”只见一中队一个右转下滑，如旋风般向右前方四架敌机扑去，与敌机展开激战，很快击落一架 F-86 战机。正在这时，李世英发现有四架敌机从右后方偷袭过来，他立即报告带队长机：“注意，你后面又有四架，我来攻击！”随即，他带领二中队一个急转，从后上方向敌机冲去。这时，他又发现左前方冲出四架敌机向长机中队逼近，情况十分危急。李世英临危不乱，果断改变命令：“攻击左边敌机！”他带领二中队调转机头，向左猛插下去。这时，敌四号机已经咬住我机，眼看着敌机就要开火。就在这千钧一发之际，李世英对僚机组大喊一声：“我打前面两架，你打后面的！”接着，一推机头猛扑过去，一举将敌机击落。马上，又向敌四号机发起攻击。敌三号机见势不妙，迅速左转，企图绕到中队长机尾后偷袭。我二号机阎清水发现后冲过去将其拦腰截住。一阵猛烈的炮火过后，敌机冒着浓烟一个倒栽葱从空中栽了下去。二中队又打了一场漂亮的空中格斗战。

这一战充分体现出二中队不怕牺牲、服从命令、相互协同的战斗作风和集体主义精神，这种精神像磁石一般凝聚着二中队，四名飞行员团结得就像一个人一样。这种信念和精神在抗美援朝空战中一直陪伴着二中队，鼓舞着他们在 1952 年底到 1953 年 7 月停战的半年多时间里，共击落美国“佩刀式”F-86 战机十架，击伤四架，而他们自身却完好无损。

每每提起“李世英中队”，我总是被他们这个团队的集体英雄主义的精神所感动，这种精神不仅使“李世英中队”成为英雄团体，而且使这个团队的四名飞行员人人是好汉，个个成英雄。其中，中队长李世英击落击伤敌机各一架；飞行员阎清水击落敌机两架；宋义春击落敌机两架，击伤一架；蒋道平击落敌机五架，击伤两架。特别应该指出的是，蒋道平击落的五架敌机中，有一架是 1953 年 4 月 12 日击落的美国空军首席“三料王牌”飞行员麦克康奈尔驾驶的（美空军将击落五架飞机的飞行员称为“王牌”飞行员，“三料王牌”说明麦克康奈尔当时至少击落过十五架飞机）。蒋道平被部队誉为“空中歼敌能手”。

在朝鲜战场上，无论是在地面还是在空中，志愿军天天在创造奇迹。在空战中，最使美军难以置信的是，除了航空兵十五师的蒋道平一举击落麦克康奈

张积慧

尔外，1953 年 4 月 7 日，航空兵十五师年仅二十岁的韩德彩——一个放牛娃出身的飞行员居然击落了美国空军“双料王牌”驾驶员费希尔，航空兵四师飞行员张积慧于 1952 年 2 月 10 日击毙了美国号称“百战不倦的空中英雄”戴维斯。当时的美国空军参谋长范登堡惊慌失措地立即飞往朝鲜看个究竟，又马上飞回五角大楼。他在记者招待会上惊呼：“几乎在一夜之间，中国便成了世界上空军力量最强大的国家之一。”

1953 年 8 月，李世英和他的战友们受到中朝人民空军联合司令部、政治部通令嘉奖，并荣立集体一等功，授予“保持荣誉，发扬荣誉”锦旗一面。同时，李世英因“击落击伤 F-86 敌机各一架及间接战果击落五架 F-86 敌机，击伤一架 F-86 战机，能够通过漫谈方式研究战术，空中指挥机智灵活、沉着果断，能照顾僚机、热爱僚机”，荣立二等功一次。1964 年，空军授予二中队“李世英中队”的荣誉称号。1959 年，在隆重庆祝中华人民共和国成立 10 周年的阅兵式上，李世英率领五个“五机编队”机群飞过天安门广场上空，接受祖国和人民的检阅。李世英所率领的飞行梯队被评为国庆阅兵优胜梯队。后来，他又作为受阅部队代表，在中南海受到党和国家领导人的接见。

（本文选自《人民政协报》，有删节）

密林救战友

文 /《红色中国系列图书》编辑委员会

张东光，湖南洞口人，1949 年 9 月参加解放军，1950 年 10 月参加抗美援朝战争。立大功一次，三等功三次，朝鲜民主主义人民共和国议会三次授予朝鲜民主主义人民共和国军功章。被“纪念抗美援朝出国作战 60 周年活动”组委会授予“抗美援朝功勋人物”称号。在部队现代化、革命化的整军训练中，1957 年，被评选为出席沈阳军区学习军事科学技术积极分子代表会议代表，授予沈阳军区“先进工作者”。离休后，参加志愿军事迹系列丛书的编辑工作。“全国时代文艺家征评活动”组委会授予“盛世中华·第二届全国时代文艺家”。

1950 年 10 月 21 日，张东光跨过鸭绿江，进入硝烟弥漫、瓦砾遍地的朝鲜战场。在清川江以北的两处树林里，树上绑挂着被残害的女同志的裸尸，惨不忍睹！美国强盗的暴行震荡着战士们的心，朝鲜人民的灾难使他们满腔义愤。

刚入朝，指导员高辅良要张东光向朝鲜老乡现学现用朝鲜语，兼做部队联络员（翻译）工作。他在运输营担任文教宣传工作、青年团书记工作，兼做联络员工作，还协助司务长筹粮与买菜，有时代替卫生员做一些救急包扎的工作，处理由于遭受美机空袭引起的伤害。

1951 年 1 月 4 日 6 时，我军一一六师攻入南朝鲜首府汉城。我军南进迅猛，运输物资急需跟进。运输营参谋长楚永兴要张东光跟他去几条山沟，察看部队进驻的地形地物。南朝鲜的一位老者告诉他们，山沟那边有住户。楚参谋长问：“那边的住户是集中居住，还是分散居住的？”张东光对这句话翻译不全，正好一个上中学的孩子用简单的英语插话。于是，张东光用汉语、朝鲜语和英语单词“三联合”，问小孩“那边‘基比’（住户），concentration（集中住），dispersed（分散住）？”小孩明快地答：“concentration，concentration！”楚参谋长笑了。于是，他们翻过山头，去那边村庄察看了地形地物，安排了部队进驻

张东光

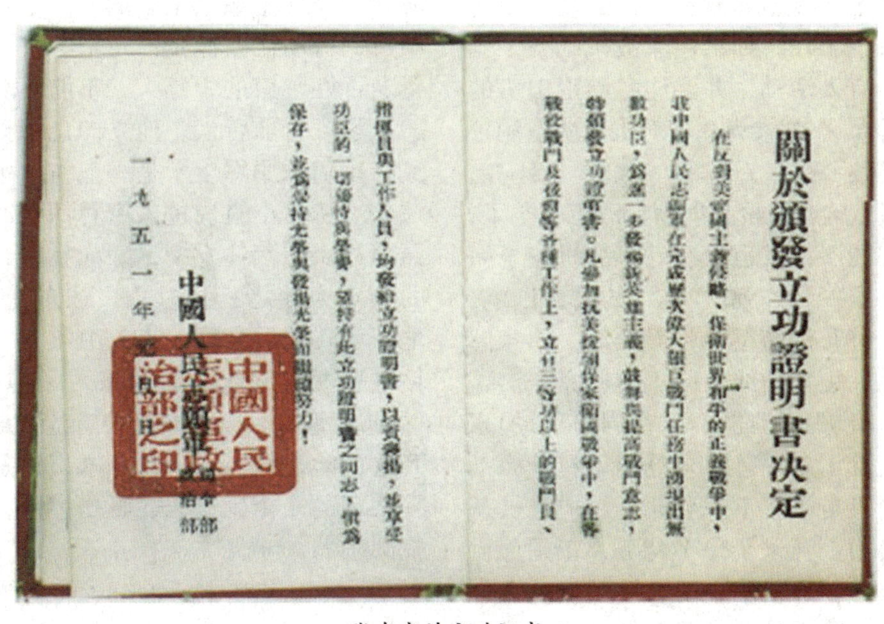

關於頒發立功證明書決定

在反對美帝國主義侵略、保衛世界和平的正義戰爭中、我中國人民志願軍在完成歷次偉大艱巨戰鬥任務中湧現出無數功臣，爲進一步發揚新英雄主義，鼓舞與提高戰鬥意志，特頒發立功證明書。凡參加抗美援朝保家衛國戰爭中，在各戰役戰鬥及後勤等各種工作上，立有三等功以上的戰鬥員、指揮員與工作人員，均發給立功證明書，以資表揚，並享受功臣的一切優待與榮譽，望持有此立功證明書之同志，慎爲保存，並爲保持光榮與發揚光榮而繼續努力！

中國人民志願軍司令部
政治部

一九五一年 [illegible]

中國人民志願軍政治部之印

张东光的立功证书

和确定了建防空掩蔽部的地点。

解放了汉城，抗美援朝第三次战役结束。1951 年 2 月初，我军国内留守处组织已经痊愈的两百多名伤员重返前线，还有军文工团和各师野战医疗人员共三百多人同行。领导安排张东光和一班副班长广从江及战士小马沿回国路线北上，去迎接战友。当时，为了防空袭，他们每天黄昏出发，夜里行军，在人车密集、敌特骚扰的狭窄公路上，好像大海捞针似的寻找从后方来的人员。当他们昼夜兼程赶到朝鲜北部汉堡以北的一个地方时，终于找到了后方人员。几百人拥挤在一个傍依山丘的长长的火车防空洞里歇脚。领队的军部刘参谋见到张东光他们很高兴，说：“因为汉浦桥被敌机炸坏了，正在打听前进的路该怎么走。”张东光把前线的惨状大致描述了一下，然后着重对刘参谋说：“根据朝鲜战地经验，山洞周围敌特活动频繁，几百人在洞里，极易暴露目标，必须加强防空和保卫工作。如果白天敌机临空，洞口不准有人活动，并要注意周围山头的敌特活动。”刘参谋立即对火车防空洞外的情况做了检查、部署。次日，天刚亮，洞口猛然响起机枪扫射声！敌机临空了，大家惊醒了，谁也没有动。敌机兜了一圈，投了一颗炸弹。“轰”的一声巨响，洞顶石缝灰渣坠落，弥漫全洞，大家感到窒息，刚来前线的同志有些紧张。警戒人员高喊：“谁也不要在洞口行动！”敌机盘旋了好一阵，未见洞里有什么动静，遂飞走了。不一会儿，警戒人员从对面石山上抓来了一个特务，正是他手持白旗，在敌机临空时，向敌机发出联络信号。我们部队赶紧分散出洞，做好伪装，向前线进发，几天后到了前线。

1951 年 1 月 1 日 6 时，我军一一六师突破临津江，跨过了“三八线”。这样，我军已把美伪军打退到了他们原来发动战争时的地界线以南。这时，为了不落入敌人“诱我深入，聚而歼之”的企图，部队停止追击，主动撤回到“三八线”以北一带地区，执行“运动防御”方针。在这几十万大军迅速大转移的过程中，战况比较复杂。在夜间行军转移中，我们有时能听到不远处有讲外国话的部队。这时行军，我中有敌，敌中有我，互相大步穿插。当时，三连指导员高辅良率领的三连一班，在独立执行任务时，跟上级联系不上了。那时，为防敌机空袭，部队在白天一般钻树林子。高指导员要张东光到周围的丛山中去联系部队。张东光挎着匣子枪，挨个树林搜索前行。到午后时分，在一个林木不密、高度不大的丛林小道上，看见前方一个穿志愿军服装的人，走路腿脚不灵，行动比较慌张；几米后有一个朝鲜老百姓装束的中年人，不前不后地尾随，紧盯着前行人。他立即意识到，有敌特尾随志愿军！于是马上掏出手枪跟踪。当丛林小道快进入密林深处时，志愿军战士突然往左拐，插向林中，尾随的中年人随之狂扑过去！张东光“砰”地开了一枪，大喊一声，中年人一溜烟钻进密林。战士急跑过来，紧抱他说：“同志！谢谢！”张东光拉着他，跑步离开这危险之地。战士叫于永贵，是志愿军某军的一个副班长，腿伤掉队，正在找部队。

（本文选自中红网《红色中国系列图书·红色人物》，有删节）

抗战中的王白伦

文 / 程昭星

王白伦（1905 年—1946 年），海南琼山（今海口市琼山区）人。1926 年参加革命，并加入中国共产党，历任县委书记，琼崖特委委员、常委、组织部部长、代理书记，琼崖红军游击队政委，琼崖独立总队、纵队政治部主任等职。1946 年 11 月病逝。

1937 年七七事变后，根据党中央的方针政策和南方临时工作委员会的指示，琼崖特委主动给琼崖国民党地方当局写信，建议双方进行谈判。在谈判过程中，为了及时掌握情况，领导斗争，9 月，冯白驹从特委所在地的琼山县演丰乡迁到塔市乡演村的一个农民家里。琼崖国民党当局闻讯，逮捕了冯白驹，妄图以此为压力，迫使我党让步。在危急关头，王白伦挺身而出。为了取得上级党委对海南工作的指示，王白伦冒着生命危险突破敌人的严密封锁到香港去找南方局。回到琼崖后，王白伦认真执行南方局指示，任代理特委书记，担当起领导特委的工作，防止了党内可能出现的混乱，打破了敌人的政治阴谋。在王白伦的领导下，特委千方百计地展开了营救冯白驹同志的工作。特委一方面派黎民向琼崖国民党当局交涉，严正要求立即释放冯白驹；另一方面，将冯白驹被捕的情况向上级报告，请求设法营救。同时，以各种方式将冯白驹被捕的真相公之于众，揭露国民党当局不顾民族利益，破坏和谈的行径。由于王白伦等人精心设计，营救冯白驹同志的工作进行得井井有条，其他工作也秩序井然，显示出了王白伦的组织能力和稳健作风。为了营救冯白驹，王白伦还亲自布置塔市乡党支部全力以赴做好保护工作。国民党押送冯白驹夫妇到府城，他派人化装随行。在中共中央指示下，周恩来、叶剑英向蒋介石反复交涉，全国各界人士和人民群众也强烈抗议和要求释放冯白驹，于是，蒋介石命令国民党琼崖当局释放了冯白驹。

冯白驹出狱后，经过一年多的斗争，

琼崖国共双方终于达成协议，实现了琼崖国共合作。琼崖红军被编为广东省民众抗日自卫团第十四区独立队，在政治上、组织上都保持了自己的独立性。

1939 年 12 月，面对日军对琼文根据地的疯狂“扫荡”以及国民党顽固派的“反共”倒行逆施造成的形势，琼崖特委召开第八次扩大会议。会议分析了琼崖当时面临的局势，根据中央提出的“坚持抗战、反对投降”“发展进步势力、争取中间势力、反对顽固势力”的方针，结合当时海南的斗争实际，认为建立新根据地是我党我军的当务之急。因此，会议决定特委机关向西部的那大地区转移。1940 年 1 月 26 日，党中央又指示琼崖特委：“把琼岛创建为争取九百万南洋华侨的中心根据地，创建为南方发展扩大影响的根据地，创建为培养干部的根据地。”遵照中央指示和按照特委第八次扩大会议决议，琼崖特委及独立总队领导机关于 1940 年 1 月底向西转移，特委机关、独立总队队部、特务大队、随营军政干部训练班共几百人一起行动。当步行到南渡江东岸，在旧州和云龙之间河边的村庄休息时，就发现日军包围上来了。当时冯白驹与独立总队队部住一个村，王白伦、特委书记林李明和特委机关住另一个村。敌人的枪炮火力很猛，还有坦克助战，两部分人统一行动已不可能。王白伦凭着多年的军事指挥经验，当机立断，指挥部队掩护特委机关急速行军冲过公路干线。当我方人员刚冲过公路，日军大批步骑兵就在坦克配合下完成了对村庄的包围。由于我方人员及时撤出，敌人扑了个空。王白伦指挥部队突围后，由于急跑了几里路和指挥突围时神经过于紧张，身体本来就较弱的王白伦昏倒了。经过急救，苏醒后他第一句话就问：“部队怎么样了？”当得知部队和特委机关已脱险，敌人被甩掉后，他才松了口气。尔后，他与林李明、冯白驹等一起指挥部队和特委机关继续转移。

冯白驹

1940 年 10 月，琼崖国民党当局将主张团结抗日的文昌县（今文昌市）县政府解散，琼崖特委立即讨论应对措施，最后大家一致决定派王白伦速到文昌县指挥工作，粉碎国民党顽固派的阴谋。王白伦日夜兼程，到达文昌县后，立即向文昌县县委传达了特委的指示，商讨组织包括开明士绅及抗日各阶层代表在内的民选县长的筹备会，并在文昌县的昌洒乡（今昌洒镇）召开全县的民众代表大会。大会受到群众的热情关注和支持，除代表外，有一万多群众参加了大会。大会选出詹镛为县长，组成了新的

王白伦烈士雕像

琼崖红军云龙改编誓师抗日场景

抗日民主政府。文昌县抗日民主政权的建立，为推动全琼的民主政权建立树立起一面旗帜，带动了各地抗日民主政府的相继建立。

1940年12月，“美合事变”发生后，特委东返琼文地区。但国民党顽固派亡我之心不死，立即调其驻琼主力保安第六、第七团向我琼文抗日根据地进犯，琼山、文昌两县的反动游击队与之配合。面对这种险恶的形势，琼崖特委于1941年2月15日在琼山县树德乡山心村召开第三次执委会议。会议根据党中央和毛泽东同志指示的精神，对当时形势和今后斗争方针进行了认真讨论，同时根据中央指示，改选了特委领导成员，以冯白驹为特委书记。在这次重要会议上，王白伦又被选为常委，兼任组织部部长。

1943年冬，琼崖特委决定成立东区、西区、南区三个军政委员会，代表中共琼崖特委、琼崖东北区抗日民主政府和抗日独立总队，对各地区实行党政军一元化领导，以适应斗争形势的发展。王白伦被任命为西区军政委员会主任，副主任由李振亚担任，委员有马白山、陈青山、李汉。王白伦就职后，率领西区军民，采取以山区为依托，海岸平原打游击的战术，粉碎了日军“蚕食”我抗日根据地的阴谋，打破了敌人的“扫荡”计划。

就在王白伦就职西区军政委员会主任时，日军面对活动在琼崖西部地区的琼崖独立总队第四支队的积极活动、抗日根据地不断扩大的情况十分惶恐，为了防止四支队进一步壮大和抗日战争的烽火在琼西进一步蔓延，日军沿和舍到那大、那大到洛基黑岭的几十公里干线上，设立了巴总、袅翔岭、武教岭、黑岭等碉堡据点，同原先已建成的和舍圩、那大镇、洛基圩、南宝圩等据点，连成了对我琼西主要抗日根据地——木排根据地的包围圈。

紧接着，按照日军海南警备府制定的“Y”作战计划，日本侵略者开始了对我抗日根据地有计划的“蚕食”和“扫荡”。1943年9月，日军向以木排为中心的和民、和祥、清平、洛基四个乡抗日根据地进袭。面对来势汹汹的敌人，王白伦召集西区党政军领导人李振亚、马白山、陈青山、李汉等开会，研究对付敌人进攻的策略战术。商议结果，决定采取以山区为依托，坚持内线，挺出外线，到沿海和平原打游击，开辟新区的作战方法，反击敌人的“蚕食”“扫荡”阴谋。会议商定由四支队政委陈青山率一大队挺出外线，开辟新区，寻机歼敌；支队长马白山率领其余部队坚持内线反“扫荡”。后来，坚持内线斗争的二大队在1944年1月份也挺出外线。二

李振亚

大队挺出外线后，首先夜袭了南丰圩的日本侵略者的专卖局，缴获一批布匹和其他物资，解决了部队当时急需的穿衣问题。紧接着以毗邻白沙县（今白沙黎族自治县）阜龙乡的沙帽岭为依托，在周围的南丰、南辰、陶江等乡开辟新区，把儋县（今儋州市）抗日根据地与白沙县的阜龙乡地区连接起来，而一大队继续经营此前已开辟的大成、雅星、太平等乡新区的工作。这两片新开辟地区，在儋县素有“四里粮仓”之誉，新区的开辟与巩固，同和民、和祥、清平、洛基等抗日根据地核心地区，建成连接十多个乡的巩固的敌后抗日根据地。

日军在“扫荡”中，为了把我根据地割碎，就在木排抗日根据地的腹地，从和庆至四行村开一条公路。为了开辟这条公路，日军组织了一支几十人、配备装甲车的修路监护队。为了粉碎敌人的阴谋和消灭敌人，一大队在掌握了敌人的行动规律后，采取奇袭的方式，突袭敌修路监护队，消灭二十多个敌人，缴获敌人轻机枪一挺，我军无一伤亡。这一仗的胜利，宣告了日军“扫荡”行动的失败。反“扫荡”的胜利，是王白伦和西区军政委员会、独立总队四支队同志在琼崖特委领导下共同努力的结果，展现了王白伦和其他领导同志的政治和军事指挥艺术。

在反“扫荡”期间，由于频繁作战和敌人的封锁，部队和党政军领导机关的物资供应十分困难，粮食经常接济不上。王白伦、李振亚、马白山、陈青山和战士们一样，过着同样的生活，起到了很好的带头作用，尽管此时王白伦身患肺病、身体较弱。

1944 年 4 月 2 日，为适应斗争形势的变化，琼崖特委决定将西区和南区军政委员会合并为西南军政委员会，仍以王白伦为主任。7 月，特委鉴于情况变化，决定撤销西南区军政委员会，王白伦调回独立总队任政治部主任。

1944 年秋，根据中央指示和新形势的要求，琼崖特委决定将广东省琼崖抗日游击队独立总队改编为广东省琼崖人民抗日游击队独立纵队，独立纵队下设五个支队，共有四千余人。王白伦被任命为独立纵队的政治部主任。

王白伦兼任独立纵队政治部主任后，积极配合冯白驹等琼崖特委和独立纵队的负责人搞好工作，对加强部队的政治工作付出了很大的努力。针对从 1944 年春开始琼崖抗战形势的好转，敌伪内部因太平洋战争日军一再失利造成的军心不稳和厌战情绪，号召部队和抗日军民积极开展敌军工作，对日伪军进行策反活动，加强政治攻势，动摇其军心。经过抗日军民的努力，成功地策反了台籍日军班长李水航、翻译官手岛等一批日伪军，极大地打击了敌军士气。

正如冯白驹同志评价的：“他对人民、对党作了最大的努力，有了宝贵的贡献。”王白伦抗战期间通过自己的努力工作，在参与领导琼崖抗战中做出了很大的成绩。

（本文选自海南史志网）

黄周玉——奇袭白虎团勇士

文/聂兴昌　谌　泓

黄周玉

奇袭白虎团之战，是在抗美援朝时期金城战役中，中国人民志愿军第六十八军二〇三师袭击号称“白虎团”的南朝鲜李承晚首都警卫师第一团团部的一次歼灭战。此次袭击，彻底打疼了为和谈制造麻烦的李承晚集团，把敌人拉回到谈判桌前。现在，这面白虎团团旗仍然陈列在中国人民革命军事博物馆内，而当年从虎口摘下这面军旗的英勇战士，便是重庆市巫山县人黄周玉。

黄周玉，1930 年 3 月生于三溪乡三溪村，读过两年私塾。1950 年 9 月入伍，在解放军宜昌独立师当兵。抗美援朝战争开始后，宜昌独立师奉命抽调部分人员补充到入朝部队中。起初，黄周玉并未被抽调，经他本人坚决要求，后被安排补入当时伤亡较大的中国人民志愿军第六十八军二〇三师六〇七团八连。在战争中，黄周玉作战英勇，荣获二等功和三等功各一次，而这段经历也成为他一生的记忆。

孤身坚守夺下的阵地

1951 年 10 月，黄周玉随部队从武汉乘火车到达安东，换发武器，一周后跨过鸭绿江进入朝鲜。为躲避飞机空袭，他们夜行晓宿，一直走到“三八线”。之后，八连就驻守在条件极为艰苦的大黑山山脚的坑道里。到 1952 年 2 月中旬，开始打进攻战，但是黄周玉所在的四班却被上级安排原地坚守坑道。在这坑道已经待了近四个月，早就期待着向敌人冲击的黄周玉便向连长请求冲锋陷阵。见他求战心切，连长同意他到七班参加战斗。

八连进攻的方向是大黑山对面的 662.0 高地。这 662.0 高地位于北汉江左岸，地势险要。1951 年 11 月，敌人不惜代价地占领该高地。该高地插在我军防线中间，将我方防线割裂成两段。不拔掉这颗“钉子”，对我军坚守前沿的分队威胁极大，于我防御阵地的稳定非常不利。敌人刚占领该阵地时，我军曾组织过三天反击，均未成功，加上天气寒冷，连日风雪，我军不得不中止反击。敌人也将该高地视为要点，为防我方反击占领该高地，南朝鲜李承晚军队第三师以其师搜索队的两个排、团搜索队的一个排，另加一个火器排（重机枪四挺）扼守，并在阵地周围构筑了坚固完备的防御工事。

1952 年 2 月 14 日，我军决心夺回 662.0 高地，部署了六〇九团五连两个排从西南方偷袭，六〇七团八连两个排待五连打响后，从正面实施强攻。18 时 30 分，五连两个排开始接敌，因走错道路而被敌人发现，偷袭未成。八连两个排于 22 时后对 662.0 高地进行偷袭。黄周玉和战友们英勇地消灭了一个个防御工事中疯狂扫射的敌人，敌三挺重机枪也被解决。眼看快到山顶了，战士们奋勇地向山头发起冲击。突然，一个暗堡吐出火舌，敌人的一挺重机枪疯狂地向我冲击部队扫射，冲在前面的连长牺牲了，二排排长宋宝林负伤，战友们倒下一大片。

黄周玉立即卧倒，用配发的苏制步枪向敌人射击，他扣一下扳机拉一下枪栓，射击速度很慢。在他不远的地方，副排长中弹牺牲。黄周玉几个翻滚到了副排长身边，捡起他的冲锋枪向敌人扫射。敌人的暗堡旁有一条交通壕，黄周玉冲到壕边时，有一个敌人发现了他，举枪向他瞄准，还没击发，黄周玉已先于敌人开火，一个点射即将敌人撂倒。

金城战役中冲锋的志愿军

之后，他迅速跳进壕内，对准暗堡内的敌机枪射手又是一个点射，敌人的机枪顿时哑了。黄周玉沿着交通壕继续向前冲击，冲到有一棵枯树的地方，在战火的辉映中，他隐约看见一大群敌人连滚带爬地向一个山坳跑去。这时，二班副班长也冲上来，他们一起向敌人扫射。但不久，二班副班长腿中弹受伤了，不能动弹，就躺在地上给黄周玉压子弹。黄周玉用两支冲锋枪轮换着向山坳里的敌人扫射，投了八枚手榴弹，顿时山坳里遍地是敌人的尸体。

八连用四十五分钟时间拿下了662.0高地。当他们向高地主峰冲锋的时候，由于伤亡很大，冲到山顶已没有多少人了。当山顶被我军占领后，敌人的迫击炮猛烈地轰击山顶，进行疯狂的报复。黄周玉心想："这样密集的炮火，如蹲在一个地方，必定会被炸死。"于是，待落在身边的炮弹一炸，烟雾未散，他就立即换一个位置，直到最后钻进敌人设置的指挥所，才舒了一口气。

当炮火停止时，一身尘土的黄周玉才发现，整个山头上就剩自己一个人了。他检查了一下，竟然一点伤都没有。于是，黄周玉开始在被炸得松软的土地上搜寻，还是没有发现活着的战友。他想："即使就剩我一个人，我也要坚守在山上。"他就地搜集了一些弹药，准备继续战斗。

敌人炮击高地后，暂时没有进行反攻。过了不久，本营的九连上来接防。九连连长对黄周玉说："小黄，你这回可是立了大功，不过，你这功还只有我来给你证明才立得成。我们九连不熟悉情况，你别走，如敌人来进攻，凑我连一个数，怎么样啊？"黄周玉同意了，和九连战友一道修补工事。可过了一段时间，敌人仍然没来进攻，九连连长就叫黄周玉撤下去。黄周玉找到自己的连队，才知道八连在这次进攻662.0高地的战斗中伤亡过半，连长牺牲了，指导员和几个干部负了重伤。他们以两个多排的兵力，毙敌搜索队队长以下人员八十六名，俘敌二十三名。过后两天，九连接替防守662.0高地后，打退了敌从一个排到一个营的十一次反扑，毙敌二百零五名。662.0高地被我军牢牢控制。

战评中，黄周玉荣立二等功，并被提为副班长。黄周玉作战英勇顽强，独自坚守阵地，在全团出了名。因此，1952 年 3 月，特务连在挑选侦察兵时，团侦察股股长赵世君到八连将他选中。

入选化袭班负使命

1953 年 5 月至 6 月中旬，中国人民志愿军连续两次向美军和南朝鲜军发起夏季反击战役，取得很大胜利。到 6 月中旬时，停战谈判各项协议均已达成，正筹划签字，志愿军也准备结束夏季反击战。然而，南朝鲜李承晚政权却蓄意破坏遣俘协议，强行扣留朝鲜人民军被俘人员两万七千余人，并叫嚣要“单独干”“向北进”。针对李承晚破坏停战的行径，为了打击其嚣张气焰，争取对我方有利态势，志愿军司令部决定在金城以南地区发起第三次反击战，即金城反击战，这也是抗美援朝的最后一战。

黄周玉所在六十八军二〇三师属此次战役西线作战集团，其战斗任务是消灭与我军对峙的李承晚首都警卫师。战前，师首长决定组织一个化装袭击班（简称“化袭班”），插入敌人心脏，伺机捣毁敌警卫师一团团部，打乱其首都师的防御体系。一团是李承晚首都警卫师中最精锐的部队，装备精良，有三个步兵营、一个炮兵营。首都警卫师机甲团为其预备队，美军第五五五榴炮营协同其作战。该团有重炮一百二十六门，坦克三十三辆，实际属一个师的编制。该团军旗上印着一只白色老虎，所以被美军和李承晚誉为“老虎团”，又称“白虎团”。打掉它的团部，对于消灭这只“老虎”有很大的意义。

黄周玉被选进了化袭班，由侦察排副排长杨育才带队，此外有班长李培录，副班长赵顺和（河北仁丘人，后改名赵川和），战士包月禄（四川忠县人）、侯世斌（湖南湘潭人，一说是湖北当阳人）、侯双成（山西人）、王贵生（绥远人）、舒德春（湖北兴山人）、张连训（山东阳谷人），报话员张兴桥，还有朝鲜族联络员金大柱、韩大年，共十三人。

据情报，白虎团团部设在距我军前沿阵地约十公里的一个名叫“二青洞”的小山村里。为了迅速准确地接近敌团部，化袭班必须在最短的时间内通过敌人的封锁线和哨卡，出其不意地进行捣毁。在这之前，我军俘虏了南朝鲜军的一个侦察班，于是团首长研究决定让化袭班换上敌侦察兵的服装，冒充白虎团搜索队，杨育才化装成美军顾问，假扮成由搜索队护送美军顾问回去开会的样子。为了区别于敌人，化袭班每人在手臂上扎一条白毛巾为记。

1953 年 7 月 13 日晨，师政委和六〇七团团政委苏克来到化袭班做动员，师首长宣布，化袭班配属师组织的渗透迂回加强营（由六〇九团二营为主），向敌纵深迂回前进，突破高地之前在加强营里跟进，突破高地之后，化袭班向纵深穿插，主要任务是打掉白虎团团部。路上不管遇到什么情况，都要应付过去，不要恋战，要直扑敌人团部。

当晚 9 点钟，志愿军二十兵团的五个军和第九兵团一个军在一千余门火炮的支援下，同时发起金城反击战的进攻。待炮火摧毁敌前沿工事后，黄周玉听见报话员向指挥部打暗语：“大树倒了，大树倒了！”这是要求炮火延伸的意思。霎时，一阵旋风般的炮弹，呼啸着向敌纵深飞去，在预定的地域爆炸。二〇三师主力攻占南朝鲜军第一线主阵地的同时，六〇九团加强营和化袭班迅速行动，通过三公里的炮火封锁区，一口气跑过白杨里坪川，插到敌380高地。化袭班在杨育才的带领下，与加强营脱离，向敌纵深疾进。由于天黑，加上我军炮火猛烈的轰击，敌人只是躲在工事内漫无目标地胡乱射击，根本不知道有化袭班通过了自己的阵地。十三名勇士沿着战友用炮弹开辟的道路飞速向前。

紧张地穿过几道封锁线和敌前沿阵地，化袭班暂停并清点人数、校正方位，又继续按预定的路线前进。化装成敌少尉和通信兵的朝鲜族同志一个居前，一个在后，以便随时应付敌人的盘查。深入敌方约五里后到了一个叫“厅子洞”的地方，敌人在这里设了三道铁丝网，中间还埋有地雷。要安全通过，又没时间排雷，侦察兵们便借着远处炸弹爆炸的闪光，踩着架设铁丝网的木桩飞身而过。事后，他们自己都觉得难以想象——那么宽的桩距和不规则的木桩，是怎么跨越的，而且还没有一个人失足！

第二次清点人数时，竟发现多出一个人，原来是一个姓李的南朝鲜军士兵，遭我方炮火袭击，他被打蒙了，把化袭班当作自己人就跟着跑。化袭班正想抓一个“舌头”，了解当晚的口令，想不到有人自己送上门来。战士们当即抓住并审问了他，掌握了敌人当晚的口令。为了争取时间，杨育才和大家简短商量后，临时决定改变计划，利用口令，直接从哨所通过。而这个南朝鲜士兵，由于是被抓去当兵的，早有不为李承晚集团卖命的打算，他表示愿意跟化袭班走，杨育才同意了。后来在袭击白虎团的战斗中，这名俘虏还为化袭班战士压过子弹呢。

正当全班大摇大摆地踏上公路往前走时，有人喊：“古鲁姆（云）！”前方不远处哨所敌人的口令声和拉枪栓的声音同时响起。“奥巴（雹）。”走在前面的朝鲜族联络员金大柱从容地按已知口令回答。“戈呀（干什么的）？”敌哨兵又问。“金米（自己人）。”朝鲜族战士随声应对。就这样，化袭班顺利地通过了一道又一道哨卡，安然无恙地从一个个荷枪实弹的敌军哨兵面前从容走过。

当他们走到第八道关卡勇进桥时，发现近处有敌人的炮阵地，五门榴弹炮正在射击。要打掉这个炮阵地，太容易了。但杨育才坚定地将手朝下一按，制止了这一建议。他的意思非常清楚，必须牢记首长的指示，我们的目标是白虎团团部，决不受其他因素干扰。

敌人在勇进桥设有一盏巨大的探照灯，照见了化袭班，立马有敌人拦路盘问。化装成敌搜索队队长的金大柱出面交涉，厉声说：“我们是搜索队的，护送美军顾问去团部，耽误了时间你们得负责！”敌方见他们都是与自己相同的装束，又看到有一个“美国顾问”在内，便马上放行。

奇袭白虎团摘军旗

化袭班跨过铁路，越过河沟，翻过山岭，通过处处关卡，仅用两个小时，他们就赶到了二青洞。再次清点人数时，发现战士侯双成不见了，队伍里却多了二班班长李志。原来，在通过厅子洞时，敌人朝这个方向打炮，侯双成躲进防空洞，等炮击停止，他已找不到化袭班的去向，后来自己找回了连队。而二班班长李志则是带一个班执行任务，和班里的同志失散了，正急得团团转，恰巧碰到了化袭班，就加入了化袭班。所以，奇袭白虎团十三勇士没有侯双成而有李志。尽管与李志失散的二班战士除一人牺牲外全都找回了连队，而李志在奇袭白虎团战斗中也立了大功，但战后仍受到首长严厉的批评，将功抵“罪”，李志个人没有被处分也没有记功。

二青洞到了，远处炮弹爆炸的闪光中隐约可见敌团部设在山谷间一处开阔地带，坐北朝南有一排木房，窗户都亮着灯光。杨育才将化袭班分成三个战斗小组：杨育才、李培录、黄周玉、舒德春为一组，从中间打敌团部；赵顺和、张连训、王贵生、包月禄、韩大年和在厅子洞捡的俘虏兵为一组，从左边进攻；李志、侯世斌、张兴桥、金大柱为一组，从右边进攻。三组人明确任务后，正要行动，突然听见汽车开动的声音，回头一看，只见一个载着敌武装士兵的车队正向二青洞开来（事后得知这是敌指挥部为防止白虎团团部遭袭而调动的增援分队）。说时迟，那时快，黄周玉就地卧倒，手中“八粒快”步枪迅速射出一发子弹，一下将最前面卡车的一个前轮胎放了气，只听见“嗤”的一声，汽车一歪，在公路上晃了一个“S”形便刹了车，横斜在公路上。紧接着，黄周玉又一枪击毙了车上的司机。与此同时，李培录向车厢连扔两颗手榴弹，车上的敌军尚未完全反应过来，便全被消灭了。第一辆车的瘫痪，在狭窄的路上阻住了后面车辆。杨育才命令战士们不许恋战，趁机直接扑向白虎团团部所在地。

赵顺和所带的小组从左边正好摸到敌警卫排处，轻手轻脚地闪到敌游动哨兵背后，猛地将敌哨兵嘴一捂，顺手一刀，全组迅速冲进敌帐篷，一阵猛炸、猛扫，敌人死的死、伤的伤、逃的逃，剩下的举手投降，只几分钟就完成了任务。在战斗中，张连训向较近处的几个敌人投出一颗手榴弹，但在炸死敌人的同时，弹片飞回，伤了张连训自己和王贵生的胸部，不过都是轻伤，他们没有吭声，继续坚持战斗。李志带的小组从右边进攻，恰好是敌炮兵室和报话室，他们一举将其捣毁，活捉官兵十多名。

杨育才带的中间这组冲到房前时，发现一间会议室灯火通明，敌军官正在开会，不容迟疑，几个战士立即向会议室投进几颗手榴弹，又各用冲锋枪扫了一梭子，然后冲进去，大声喊道：“不许动，缴枪不杀！”战士们在会议室里间的桌下俘虏了敌首都师副师长、机械化团团长、人事股股长等十来个军官。敌白虎团团长和美军顾问因伤重倒在外面

金城战役中，志愿军火箭炮向敌阵地射击

的草丛中死掉了。敌机甲团团长小腿受伤，鲜血直流，黄周玉见状，想到人家已经投降，我军又有优待俘虏的政策，就掏出自己的急救包，替其包扎好伤口。随后，他到里间房子搜索，发现墙上挂着一面约两米高、一米五宽的白虎团团旗，他跳上桌子，从墙上取下军旗，顺手递给战友包月禄，接着又到其他房间继续搜索。

总共经过十多分钟的战斗，化袭班将白虎团团部全部歼灭。这时，杨育才命令发射信号弹。三发信号弹——一发红色、一发绿色、一发白色——飞向夜空，极其耀眼夺目。我方指挥部知道化袭班已经得手，立即回应。我军炮群开始又一轮有计划的炮击，炮弹呼啸着从天空刮过，在敌阵地爆炸，大青山顿时一片火海。

在化袭班打掉敌白虎团团部后，我军穿插迂回营也已赶到二青洞附近，他们分路作战，击毁敌坦克两辆，歼灭敌火箭炮连和美军五五五榴弹炮营大部，还歼灭了敌增援团部的部队，于2点40分占领预定的421.2高地及以南的诸高地，胜利地完成穿插任务。我先头部队经过激战，歼灭了白虎团和装甲团五千余人，全部切除了美李军向“三八线”以北延伸的突出部位。敌方知道白虎团团部遭袭后，天未亮就派飞机前来轰炸，白虎团的弹药库和一些被缴获的车辆、大炮都被炸毁了。

白虎团团部被消灭后，敌人失去指挥，一片混乱。化袭班的三个小组合起来又对逃窜之敌进行打击，缴获了四十多门炮、四十多辆车、七辆坦克，俘虏四十一人。杨育才安排黄周玉押送俘虏到九峰山下的收俘站，他自己则带领化袭班的其他战友加入随后跟上来的大部队，找团长、政委接受新任务。

黄周玉一人押送四十一名俘虏，走了十几里山路，竟没人反抗，也没人趁黑逃跑。很快，黄周玉成功地完成了押送任务，到达九峰山交接后，又按后勤首长的要求完成了到大青山阻击阵地给二营送子弹的临时任务。

黄周玉送完子弹后回到团部，侦察股姜参谋对他说：“很快就要停战了，要注意保护自己，别在要停战时被敌人打死，可划不来！”姜参谋这话是针对黄周玉胆子太大、勇于冒险说的。黄周玉也听进去了，在停战协定签字前的防守中，他和全班认真地挖坑道，谨慎地躲避敌人炮击。从1951年10月赴朝作战到1953年7月27日板门店停战协定的签订，在近两年异常残酷的战争环境中，黄周玉多次执行任务，竟连轻伤都未负过。

战后，化袭班荣立集体特等功，黄周玉个人荣立三等功。

朝鲜停战后，黄周玉所在的部队转到平壤以西海岸休整，帮助朝鲜人民重建家园，还修了一道水渠。1954年下半年，黄周玉所在部队从朝鲜撤军回国，驻防徐州，黄周玉回到八连四班，当中士班长。

（本文选自红色春秋网，有删节）

老红军任章义的传奇人生

文/邓良奎

转战大巴山区

1918年8月的一天清晨，任章义出生在四川渠县涌兴镇黎家庵村韩家沟（今任家乡枫木村）的一间破草房内。

任家是庄户人家，家里靠奶奶吴氏为人家纺纱织布、父母租种田地苦挨。在任章义的记忆中，奶奶特别心疼他，经常边纺纱边烤上红苕给他吃。八岁那年起，任章义断断续续念了一年多私塾，便回家担当起“劳动力”的角色。老人说，那时候，他“使牛挂耙，耕田种地，粗细农活都得干”，末了还得给地主老财放牛、喂猪，时常是饿着肚子早出晚归。

1933年7月，红四方面军解放了渠县北部大部地区，在贵福镇建立起红色渠县苏维埃政权。当时，以红七十三师为基础扩编红四方面军第三十一军时，任章义报名参加了家乡黎家庵村苏维埃农民赤卫队。8月，他被选入驻土溪镇的红四方面军第四军十一师特务营三连四班，正式成为中国工农红军的一员。由于任章义有些文化，仅仅五天，他又被选到营部担任传令兵（通信员）。11月，任章义光荣加入了中国共产党。

1933年寒冬降临的时候，部队移师达县（今达州市达川区），辗转到了通江县洪口区白垭口，而任章义也担任了红四军十一师师长陈再道的通信员。这年，任章义十五岁，却已有1.81米高，是有名的“大个子”了。

次年初春的一天，在平昌县镇龙关，红军遭遇了河对岸杨森部队的猛烈炮火袭击。激烈战斗中，任章义冒着枪林弹雨从师部驻地前往三里外的红三十二团送信。途中，一发炮弹突然在奔跑中的任章义的附近爆炸，弹片刺进了任章义的脚背，他被送进师部医院救治。三个月后，任章义同三百多名出院战士一起，来到龙凤场等待分配。

龙凤场是红四方面军机关所在地，也是红四方面军总指挥徐向前的临时办公所在地。分配时，任章义被留下来担任徐向前的通信员。

走过雪山草地

任章义所在的红四方面军原本在川陕根据地，为向川甘边地区发展，于1935年3月28日至4月28日对国民党发动进攻，强渡嘉陵江，并取得此次战役的重大胜利。6月中旬，任章义随红四方面总指挥徐向前率领的红四方面军主力，翻过终年积雪、空气稀薄、人迹罕至的夹金山，来到北面的阿坝州懋功县（今为小金县）达维镇，与先期抵达的中央红军先头部队红一军团第二师第四团胜利会师。

中央红军与红四方面军全面会合后，中共中央根据全国形势和当时情况，提出了创建川陕甘苏区的战略方针，而张国焘却主张向青海、新疆或西康（今四川西部、西藏东部）等偏僻地区退却。为统一战略思想，中共中央政治局于1935年6月26日在懋功以北的两河口举行会议，决定了中央红军和红四方面军共同北上，创建川陕甘苏区的战略方针。据此，中革军委制定了夺取松潘的战役计划。7月18日，中共中央任命张国焘为红军总政治委员。21日，中革军委决定以红四方面军的总指挥部为红军的前敌总指挥部，总指挥徐向前（兼），政治委员陈昌浩（兼），参谋长叶剑英。但由于张国焘的阻挠，延误了红军北上的时间，松潘战役计划未能实施。为了继续贯彻中共中央的北上方针，中革军委决定进取甘肃南部的夏河、洮河流域。8月15日，红军总司令朱德、总政治委员张国焘率领由第五、第九、第三十一、第三十二、第三十三军组成的左路军，从卓克基地区出发，向阿坝地区开进；21日，徐向前领导的前敌总指挥部率领由第一、第三、第四、第三十军组成的右路军，从毛儿盖地区出发，向班佑、巴西开进。中共中央、中革军委随右路军行动。

8月底，徐向前领导的右路军与贺龙率领的红二方面军在甘孜会师，随后由四个连六百匹马编成先头骑兵师，许世友兼任师长。任章义到骑兵师二连当骑兵排长。部队再次向松潘草地进军。

红军在草地里的行军生活异常艰苦，缺吃少穿成为最折磨人的问题。任章义回忆说，当时他们作为先头行军的骑兵经常打来野牛煮着吃。一次，朱德还为此拿任章义他们开玩笑，说："嗨嗨！你们都吃好的，把牛腿吃了，后头的（部队）牛皮都莫得吃哟……"

任章义和战友们忍饥挨饿，历经艰辛，通过了人迹罕至、气候变化无常的茫茫草地，翻过了大雪山——岷山最高峰梦笔山，又爬过一百二十里长的马河坝梁子，到达班佑、巴西地区的波罗子。任章义所在的部队，采取攻点打援的战法，在包座全歼国民党胡宗南部的第四十九师约五千人，占领了茂县（今茂汶）、理番（今理县）为中心的广大地区，打开了红军向甘南前进的门户。

任章义在这次战斗中负了重伤。由于药品匮乏，医生只能用纸敷在他的伤口上。

难忘圣地延安

1937年的2月，因为受伤而掉队的任章义，拄着木棍硬撑着，随伤员部队历尽千辛万苦终于到达陕北革命根据地。任章义与伤病战友们在保安过了春节，才来到延安住进设在雀儿沟的中央医院附属医院。

五个月后，任章义出了院。可是，由于左大腿筋萎缩，他的膝部弯曲得根本无法伸直。焦虑的任章义盼望回到部队、回到战友中间去，他天天到中央军委机关管理科打听消息。一天，他意外遇见了中央一局局长郭天民。任章义过去跟随徐向前时，自然认识郭天民。见碰到了老领导，喜出望外的任章义连忙主动问"首长好"。而郭天民也认出了"大个子"任章义。

不久，任章义被安排到郭天民身边当警卫。1937年9月底，郭天民调任八路军晋察冀军区参谋长，任章义

红军穿越草地

任章义和老伴

也随同前往位于山西省五台县耿镇村的军区司令部。同时，他们还顺带护送白求恩大夫和美国人波大夫去八路军总部。在杨家岭，毛泽东、朱德等领导为他们送行。

途中，在绥德八路军一二〇师师长贺龙那里，白求恩大夫主动提出治疗任章义的伤腿。这天下午，白求恩让任章义仰躺在炕上，先给他打了针，再用药兑热水为任章义敷萎缩的腿筋，还与波大夫一道，亲自用手为任章义揉弯曲的膝部。讲得一口流利汉语的白求恩大夫一边忙碌，一边安慰任章义“不痛，不痛”。约莫半个小时过后，波大夫突然用一块木板伸进任章义弯曲的膝盖下面，白求恩则一屁股坐在膝盖上面，并且越压越重。任章义痛得差点没晕过去，大颗大颗的汗水湿透了他那厚厚的棉衣。然而，白求恩大夫却轻松地笑了笑说：“没事了，会好的。”白求恩大夫又拉下任章义，要他在屋里来回行走了个通宵，白求恩大夫则与波大夫轮流看护着任章义。次日，白求恩大夫又让他到屋外，进行跳土坡的剧烈运动……仅一天一夜，任章义弯曲了很久的伤腿便被治好了。

功成建设家乡

1939年1月，受组织临时派遣，任章义随晋察冀军区二分区政委到河北省平山县蛟团庄的军区司令部开会。在那里，晋察冀军区司令员聂荣臻见到任章义，硬是将任章义留在了身边任警卫员。

1940年8月上旬，聂荣臻带上任章义等两名警卫到八路军总部接受“百团大战”任务。返回途经大同阳县境内的芦家庄铁路封锁线时，突然遭遇日军小分队。蚂蚁一样的日军迅速包抄过来，另一名警卫不幸牺牲，情形万分危急。任章义灵机一动，将手中牵着的三匹马赶向敌人，然后背上聂荣臻，冲过铁路向山里狂奔十五多里路，才摆脱敌人。

1944年，聂荣臻率部参加延安保卫战之后，成立教导营开进南泥湾参与大生产运动。时任二营营长的任章义在劳动中表现出色，被表彰为大生产劳动模范。

劳苦人家出身的任章义，憨厚质朴，勤劳勇敢。抗战胜利后，他被安排在杨成武领导的独立团三纵队担任营长。在张家口、大同等战役中，任章义出生入死，浴血奋战，他的手、头、面、肩、臂、臀等多处负伤。1948年8月，由于任章义伤势严重，组织上只好安排他就地在河北唐县南山树庄养伤。

伤病逐渐痊愈，思乡心切的任章义决定回四川老家探望失去音信十多年的父母和奶奶。1949年6月，任章义到北平中央组织部办理有关手续后，乘火车取道武汉，再乘船到了万县。回到家乡地界，加上正值中华人民共和国成立时刻，任章义万分激动，他毅然放弃了到西南军政委员会报到任职的机会，步行辗转经大竹回到了渠县任家乡——到家时，已是1950年春节刚过。

此后，任章义一直留在了家乡。他积极参加家乡建设，曾先后担任过任家乡、丰乐乡的党委书记、乡长，后来在涌兴区搬运站党支部书记职位上离休。

（本文作于2009年，选自四川在线）

孔庆德在河北出奇兵

文 / 侯福顺

孔庆德

孔庆德（1912 年—2010 年），山东曲阜人，1931 年入伍，参加过二万五千里长征。中华人民共和国成立后，任河南军区副司令员、中南军区炮兵代司令员、武汉军区副司令员。1955 年被授予中将军衔。1988 年 7 月，中央军委授予他一级红星功勋荣誉章。

夜攻头泉车站攻点打援

1938 年，孔庆德任八路军一二九师七六九团一营营长，率部活动在石太铁路沿线，建立起平定（属山西省）、井陉两个抗日县政府和两个县大队的抗日武装，共八百余人枪。

一次，孔庆德得知井陉一家煤矿内设有日军的盐库，便亲率两个连的兵力夜袭煤矿想把盐抢出来。不知是情报有误，还是敌人把盐运走了，结果扑了个空，他和战士们感到非常遗憾。

返回时，路过石太铁路的头泉（属井陉）车站，孔庆德派人带回一个巡道工了解情况，得知那里驻有日军一个小队，相当于一个排的兵力。“打掉它，也算没有白跑这一趟！”孔庆德指挥部队迅速接近并包围了车站，一声令下，步枪、机枪、手榴弹一齐开火，把日军一个不漏地消灭在里面。

因在铁路线上，不可久留，敌人援兵很快就会赶到。孔庆德正欲撤退，发现紧靠车站南边有个小山包，地形环境十分有利于打伏击，一个大胆的想法在他脑海中形成：别忙撤退，就此打援兵，敌人绝不会料到。

孔庆德下令部队占领小山包，架好轻机枪严阵以待。不一会儿，从石家庄方向开来一列火车，停在站外，车上跳下许多日本兵忙着救火，乱糟糟一片。看时机差不多了，孔庆德把哨子一吹，顿时机枪、步枪一齐开火，敌人毫无准备，纷纷倒地，完全没有还手之力。

结束战斗后，孔庆德传令迅速转移。部队离开十几公里了，才听到后面敌人轰轰的炮声。这次头泉车站战役，攻点打援，可谓一箭双雕。

奇袭大杨庄勇夺大炮

1938 年 1 月，日军步兵骑兵三百余人，配备八挺轻机枪、一挺重机枪，还拉着一门山炮，进驻宁晋大杨庄，企图进攻束鹿（今辛集）、新河。

孔庆德任冀豫支队第二团团长，率部潜伏在相距日军不到一公里的龙家庄。他用望远镜观察大杨庄日军动向，一个阳光反射的光点很刺眼，仔细观察发现大杨庄土围子后面露出一门大炮。当时战场上大炮是非常稀有的东西，孔庆德心里一动："夜袭大杨庄，把大炮夺过来！"

他命第一营担任主攻，精选三十多名指战员担任突击队，每人配备短枪、手榴弹和大刀，左臂扎一条白毛巾为标记，便于夜间识别。为了不惊动敌人，孔庆德要求突击队员一律打赤脚，不走道路，穿行田间。当晚，月光下，突击队员在群众引领下，顺利摸到那门大炮跟前，守炮的几名日本兵正抱着枪靠着炮身睡觉，没等反应过来就被突击队员劈死了。一个突击班负责拖大炮，另两个突击班扑向住房，负责消灭日军，并浇上事先准备好的煤油。

没想到炮膛里还装着一发顶膛炮弹，突击队员又推又拉，拉动了拉火绳，炮弹轰地一声打出去了，惊动了敌人。日军喊叫着往外冲，被突击队一排手榴弹炸得死伤一片，退了回去。孔庆德派第二营上去接应，掩护突击队拖回大炮。笨重的大炮从田野拖回来很不容易，一路上留下深深的辙印。

天亮后，日军拉着六十多具尸体逃往宁晋县城，但行到半路又突然返回，顺着拖炮的辙印一路追赶。县城日军又派出两辆坦克、十八辆汽车组成快速部队，跟踪追击，企图夺回大炮，但都被孔庆德成功阻击，大炮也被转移。

孔庆德看到炮身上铸有"大正九年大阪兵工厂造"的字样，后来从日军俘虏口中得知，这门大炮是日本天皇御赐，日军指挥部为丢失大炮非常恼火，已将该大队长撤职法办，并下令继任大队长必须追回大炮。这时他才明白为什么逃往宁晋县城的敌人半路突然返回。

大炮上交后，冀豫支队曾在束鹿、南宫开过两次庆功会。八路军夺得日军大炮的消息极大地鼓舞了抗日军民，成为轰动一时的新闻。徐向前副师长看了大炮，亲笔题词"八路军在大杨庄战斗缴获日军之山炮"，还派人给夺炮勇士拍了照片。此门大炮系山炮，可拆卸用骡马驮拉，后跟随刘邓大军辗转参战。中华人民共和国成立后，作为珍贵革命文物，现存中国人民革命军事博物馆。

（本文选自《河北青年报》）

虎口夺粮

文 / 红笔杆

1935 年夏天，红四方面军妇女独立团随总部来到川西杂谷脑地区。这里的一座喇嘛庙很快引起了她们的注意。

原来，距市镇几里远的山中，有一座由藏族同胞的喇嘛庙改成的官府衙门，一群群国民党官兵在这里耀武扬威，欺压百姓，经常向当地的汉族和藏族居民征收苛捐杂税，而且逼迫去“进贡”的人在两里地以外就要下跪叩头，用膝盖跪行。太残酷了！许多人头顶烈日，身上背着沉重的粮食和盐巴，活活累死在路上……

红军到达这里的第二天，外出采购物资的战士被冷枪打死了。几天之后，又有几位战士失踪了。妇女独立团再也坐不住了，她们请缨出战，决心端掉这个黑窝。

总部很快批准了她们的请求。

这一仗怎么打呢？妇女独立团派出两名女红军前去侦察情况，回来后立即研究作战方案。二营副营长说：“敌人居高临下，我们若从山下仰攻，肯定会造成很大伤亡，不如兵分三路，两路从正面佯攻，一路从山后悄悄绕过去，然后合围，打个出其不意。”

大家展开充分讨论，很快使这个方案变得完善起来，并决定立即行动。

朦胧的夜色下，一支神秘的队伍在

黑暗寂静的树林里挖壕沟、修工事，直到黎明时分才悄悄撤回驻地。

又一个夜晚来临的时候，女红军们沿着一条条壕沟进入预定阵地，团长陶万荣命令道："同志们，我们是女人，千万不要喊杀，也不要大声说话，以免暴露目标，大家看我的手势行事。"

女红军们点点头，悄悄地潜伏下来。

月亮已经爬上中天了，远远望去，半山腰那座待攻的喇嘛庙闪着几点昏黄的灯火，像是死去了一般沉寂。

突然，陶万荣一挥枪，枪响了！猛烈的进攻开始了！

从睡梦中惊醒的敌人仓促应战，他们龟缩在高墙厚门的大院里，稀稀疏疏地放上几枪。女红军们很快明白敌人是想依托喇嘛庙易守难攻和她们拖时间，等待援兵到来。刘立清带领一连担负正面佯攻任务，由于不准喊杀，她的喉咙憋得难受，便一个劲地猛烈射击，仿佛要利用枪口喷吐心中的仇恨。

经过一段时间的对峙，敌人见红军不敢发起进攻，以为是游击队，顿时变得嚣张起来，号叫着打开庙门，冲了出来。

"连长，我们干脆迎上去，来个反冲锋。"一位女红军请示道。

"不行。"刘立清用力按住她，"这会暴露我们的身份，打乱了整个战斗部署怎么办？"

二连连长赵兰也命令大家沉住气，坚守阵地，用机枪扫射远处的敌人，用手榴弹轰击近处的敌人。

敌人做梦也没有想到，就在他们发起第二次冲锋的时候，突然腹背受敌，迂回到山后的三连居高临下，向敌人发起了猛烈的进攻。密集的子弹像雨点般从山顶倾泻下来，打得敌人顿时乱了阵脚，抱头逃回庙里。

三路红军合围过来，敌人已成瓮中之鳖！

然而，铁门、高墙却将女红军们堵在庙外，战斗进行到第二天中午，依旧没有得手，怎么办呢？几位女红军很快从山下扛来一根大木桩，在火力的掩护下，"咚"的一声撞开了庙门。穷凶极恶的敌人见大势已去，放火焚烧仓库，一把大火冲天而起。

"一连救火，二连、三连收拾残敌！"团长陶万荣命令道。

大火很快被扑灭了，庙里的敌人全部被俘。

女红军们肩上扛着、手里提着缴获来的枪支、弹药、粮食、盐巴、牛羊肉……兴冲冲地下山去了。

由于四处迁徙，红军的粮食越来越难征集了。同情红军的老乡自己都填不饱肚子，哪里有粮食接济红军呢。土豪对红军恨之入骨，早就把粮食藏起来了。

刘坚了解到在一个偏僻的草寨里，有土豪藏的粮食，便立即带着六名战士步行二十多里地去寻找。

那是一座孤零零的草寨，她们小心翼翼地走到前门，叫了半天门，才有一个驼背的老人颤抖着走出来。

"寨内有没有粮食？"刘坚问。

"你们自己去看吧。"老人说着递上手里的一串钥匙。

"寨里的东西是你的吗？"刘坚又问。

老人摇摇头，走开了。

一定是土豪逃走了，留下这个穷苦的老人看护的。刘坚带领六个姐妹在草寨里四处查看起来。她的嘴巴很快吃惊地张开了，天哪，这许许多多的房子里竟全都堆满了稻谷！

就在这时，草寨外突然传来一阵嘈杂的叫喊声。刘坚和战士们跑出来一看，吓得出了一身冷汗。

一群脸上涂着红彩，头上缠着红布，手持大刀、梭镖的人狂喊乱叫着冲过来了。刘坚知道，这是土豪唆使的“红枪会”，是专门袭击红军的帮会组织。她立即带人关好寨门，六个人分成三个小组，分别控制寨内的要害部位和制高点。为了节省弹药，她命令大家等敌人靠近时再打，开枪必须击中敌人。

红枪会的人越来越近了，当他们看清只有几个女红军时，便狂妄地大叫起来：“‘共匪’婆，你们被包围了，快出来投降吧！”刘坚气得肺都快炸了，她一挥手，三支枪一起开火，冲在前面的小头目被击中大腿，扑通一声栽倒在地，痛得大叫起来，还有几个也被击中了。

“你们退不退？不退，我们就扔手榴弹了！”刘坚趁机高喊。

红枪会的人一听，纷纷后退到远处。

部队听说她们被围，立即派人前来救援。

与她们相比，王定国更为机智。有一次，她带人外出筹粮，被坏人煽动的不明真相的藏族同胞包围了。她们只好后退到一间小屋子里，一伙坏人见她们没有了退路，便大叫着冲上来，还有人开枪向她们射击。

“我们开枪还击吧？”一位女兵说。王定国马上阻止她：“不行，这样会激化民族矛盾。”

1944 年，朱良才与夫人李开芬合影

“那该怎么办？我们总不能这样等死呀！”

“……”

幽暗的屋子里顿时出现了可怕的沉寂。王定国苦苦地想着退兵之策，当一锅炉灰映入眼帘时，她忍不住一拍大腿，兴奋地叫起来：“有办法啦！”

大家有些莫名其妙。

“大家听着，”王定国说，“一会儿我用脚踹开门，把这锅灰扬出去，大家趁机快跑！”

这叫什么办法？女伴们听完，心又凉了半截，但此时此刻，谁也没有更好的主意，也只有冒险一试了。

门被“咚”地一脚踹开了。王定国把一锅烟灰猛地扬出去，门外顿时弥漫起一片“黑云”。藏族同胞哪里见过这样的阵势，以为是什么新式武器，怪叫着逃散了。

女红军们趁机冲了出去……

部队到达绥靖地区时，李开芬带着二十多位姐妹摸黑爬上一座大山，来到一个敌人控制的寨子前。李开芬命令道：“同志们，我们现在兵分两路，左路从侧面抵进，右路从正面向前搜索。”

此时，夜色已渐渐隐去，东方露出一片迷蒙的亮色。

一位侦察员向李开芬报告：“前面发现一座磨坊，有驴子在拉磨，却没见人影。”

“快，带我去。”

磨坊找到了，李开芬立即让人把磨好的面粉和尚未磨的粮食装进口袋往回背。

一袋、两袋、三袋……

突然，前面响起激烈的枪声，原来是正面搜索的战友被敌人的哨兵发现了。双方展开了枪战。

“快，你们快背着粮食往回撤！”李开芬说着，自己提着枪去通知右路的人边打边退。

这一次，她们抢回数百斤粮食，却没有一人伤亡。

（本文选自《中国女红军故事》）

句容黑夜攻坚战

文 / 张铚秀

1938年春，皖南岩寺集中的刚刚组建不久的新四军一、二、三支队，先后开赴敌人统治的中心地区宁沪一线，推进敌后，实行抗战。新四军挺进苏南后，在兵力少，装备劣，弹药缺，给养不足的情况下，紧紧地依靠当地党组织和人民群众，以积极的行动打击日军。在很短的时间内，接连取得韦岗、新丰、下蜀、新塘等战斗的胜利，有力地打击了日本侵略者的嚣张气焰。不但鼓舞了江南人民的抗日斗志，在全国也引起了强烈的反响。当时上海等地的报界，对我们的胜利都给予了充分的报道。与此形成鲜明对照的是，江南的国民党军在装备精良，弹药、给养充足的条件下，却患着越来越严重的“恐日症”。他们见日军望风而逃，远远地躲在后方，作壁上观，有时还制造一些摩擦，牵制新四军的行动。

1938年7月下旬，日军调集兵力，围攻武汉。为了钳制敌人，减轻武汉战场的压力，支队首长决定攻打句容县城。8月初的一天，陈毅司令员来到句容二区墓东村二团驻地，和团领导一起研究攻打句容城的方案。我们决心集中全团的兵力，在地方武装配合和群众的支援下，歼灭句容城守敌。支队特务连也参与作战。当时，我任二营营长，陈司令员召集我团干部开会，并做了重要讲话。他分析了新四军挺进江南后的敌我形势，指出：“日本侵略者在苏南遭受我军几次打击以后，正忙于调整兵力部署，我军要乘此机会，再打几个胜仗。”他说：“国民党军队本来有着‘恐日病’，但我新四军以如此劣势的兵力和装备打了几次漂亮仗以后，造成了很大的政治影响，群众舆论对他们的压力很大。在这种情况下，他们有点坐不住了，扬言要派一支部队到敌后来，而且要攻打敌人驻守的丹阳、句容、天王寺、金坛等重要据点。我看他们不过是说说而已，不过，我们要先拿下句容城，打个样子给他们看看。”这时我们求战心切，司令员的讲话是一个很好的动员，给我们极大鼓舞。任务下达后，张正坤团长督促全团进行了各项战斗准备工作。

句容城是京杭国道的重要交通枢纽，与东边的丹阳、南边的天王寺、东北的镇江、西北的南京都有公路相通且距离很近，敌人随时可能增援句容。要做到速战速决，万无一失，准备工作就要慎之又慎。团参谋长王必成亲自化装到句容城附近侦察，选择主攻方向，又派三连连长王萱春带领侦察小组潜入城内侦察敌情。地方党组织从句容城里找来三个熟悉敌情、地形的人介绍情况。当时驻城日伪军共一百五十余人，其中宣抚班驻天主教堂，伪军驻自治会，四城门各有一个班警戒，伪县政府驻敌宪兵六十余人，北门外飞机场驻敌二十余人。综合敌情，我们认为，敌人虽然人数不少，但警戒疏忽，分散守点相互难以照应，且一部分伪军战斗力较弱，对我歼敌有利。

根据敌情，团首长制定了作战方案，得到了支队批准：一营为主攻；三营担任东昌街、镇江方向的警戒并破坏该处公路及镇句路上的洛阳桥；二营进袭北门外飞机场，歼灭机场守敌，并对汤山、南京方向警戒；支队特务连、地方武装张雍冲部，分别向天王寺和丹阳方向警戒，破坏公路，掩护攻城部队作战；地方党组织带领民工一百多人，准备攻城用的梯子、填护城河用的稻草、担架等配合主攻营行动。一营的具体部署为：三连攻南门，一连攻东门，二连为预备队。第一步攻打东、南门，肃清城门守敌；第二步占领商会、伪自治会；第三步肃清伪县政府和天主教堂之敌。受领任务后，我立即回到营驻地，召开排以上干部会，部署战斗。我们以六连担任汤山、南京方向的警戒，占领有利地形阻击可能来援之敌；五连三排在北门外占领阵地，监视北门守敌并阻击可能由北门突围之敌；四连、五连（五连三排另有任务）围歼三十余名机场守敌。

8月12日下午，部队向句容城外运动。晚10时，我率领全营到达城北预定地域展开。攻击发起后，我带领四连、五连立即扑了上去，没料到机场没有敌人。敌情有变，我考虑了一下，立即命部队点火将机场房屋烧毁，接着下令六连和五连三排任务不变，我率营主力火速赶到东城门加入战斗，配合一营消灭城内敌人。

一营发起攻击后，一连、三连分别用八架梯子从东南角登城，由于敌人警惕差，颇为顺利地上了城墙，摸掉敌人设在城墙上的岗哨。三连迅速下了城墙进到城里，由里往外攻打南门。南门守敌正在灯下赌博，受到攻击时，慌忙连牌带钱一起扔下，在慌乱的逃跑中与我军接上了火。枪声、手榴弹爆炸声响成一片。三连奋勇追击，消灭了驻守南门的十多名日军，很快就打开了城门。一连进攻东门，敌守兵从梦中惊醒，未及抵抗即慌忙逃命，东门遂被我军占领。

一营部队攻到城中心，我率二营大部很快赶到，一、二营并肩作战，顺利占领了商会，转而进攻伪自治会。伪自治会楼上有日军固守，对我实施火力封锁，我们即采用火攻，将数十名日军和汉奸烧死。同时打开了关押群众的牢房，放出被日军抓来的无辜群众一百多人。攻占商会、伪自治会后，接着向伪县政府和天主教堂进攻。这时，收缩到这里

的敌人已有准备，设置了障碍，构建简易防御工事，以数挺机枪火力压制我正面进攻。由于句容城所处的特殊位置，我军不得不将大部兵力用来警戒、阻援，攻城的兵力相对少了一些，不能形成四面包围，进行围攻，只好在侧面采取火攻。近凌晨4时，团部见全部吃掉敌人已有困难，即令各营不要恋战，立即撤出战斗。最后未能全歼守敌，实属遗憾。

攻打句容城的战斗进行了三个多小时，由于准备充分，情况清楚，指挥正确，战术运用得当，战斗十分顺利。歼灭日伪军近百人，缴获步枪数十支，以及手榴弹、子弹、自行车、军装等物资。特别是将伪自治会全部人员歼灭，是对汉奸卖国贼的一次严重警告，让他们知道，卖国求荣、为虎作伥者绝没有好下场。我方亡两人，伤八人，伤亡很小。此战，我各部队受到一次城市攻坚、巷战的战术技术锻炼和考验，得到了军部的嘉奖。

8月19日，《新华日报》以“新四军一度攻入句容城”为题，对此次战斗作了报道。其中称：“13日我猛攻句容城，敌经此重创后，进行报复，京沪线敌军更加惊恐万状，武进、镇江间各车站，从16日起每站增加日军数十名驻守，并构筑战壕等工事，防我进袭。”这充分说明，此战对敌人的打击是十分有力的，达到了牵制、调动敌人，配合正面战场作战之目的。

（本文由北京新四军研究会供稿）

平常而伟大的抗联母亲

——记抗日斗争中的宁安马莲河李大妈

文 / 于富媛

在牡丹江地区的抗日斗争中，牡丹江的广大人民群众送子弟参加抗日队伍，送粮、送物，竭尽全力，甚至流血牺牲，许多可歌可泣的平民英雄的事迹，至今在各地流传。宁安马莲河的李大妈就是一位平凡而伟大的英雄。

抗日战争时期，李大妈的家在上马河河东的小河套。那里景色优美僻静，中共宁安县（今宁安市）委机关和国际交通线的中转站设在她家，县委的重要会议都在这里召开。抗日将领李延禄、周保中，牡丹江地下党组织朱守一、李范五、关书范、李光林、张林等人都多次到这里召开秘密会议，几乎每天都有党组织和部队的人吃住在她家里。

李大妈一家七口人，老伴李成海是地下交通员。共产国际的机密文件都是由苏联转到他们家，然后由李大爷冒着生命危险，及时地送到中共满洲省委。获取敌人的重要军事情报和枪支弹药，以及粮食、布匹、油盐、药品等，也常常经过李大妈一家送到山里的抗日部队驻地。她的儿子李奎明是团员，儿媳妇黄秀芝和李大妈都是反日会会员，三个女儿都是儿童团员，一个叫宝莲，一个叫双莲，一个叫春莲，全家都冒着生命危险为抗日和革命事业工作。

李大妈家境清贫，县委机关设在她家里，又加上来来往往的人不断，全家只在年三十晚上才能吃上一顿饺子。剩下的白面就全留着做锅盔（以白面为原料，加入碱烤作而成，易保存），给来县委机关的人吃。就连她女儿春莲生病发高烧，她都没舍得拿出一块锅盔给孩子吃。一家老小宁可在夏天采野菜吃，冬天捡干白菜帮子和萝卜缨熬粥喝，也要让县委机关的人员吃饱。

在一个青黄不接的春天，家里连冻白菜和冻土豆都断了顿，李大妈看着县委的同志们一个个骨瘦如柴、面色灰黄实在不忍心，急得在房前屋后的雪地上直转悠，希望能找到一点可吃的东西。正在这时，周保中派来交通员说，他要来李大妈家。李大妈听说周保中要来十分高兴，激动不已，她知道周保中是抗日英雄。她连忙和李大爷商量分头上外屯借粮食，出去两天，李大妈和老伴都空手而归，因为家家都缺粮。

几天过后，周保中带领十几个人来到李大妈家开会。会议根据《一·二六指示信》和中共满洲省委吉东局指示精神，决定以周保中率领的边区军一、三连为骨干，联合救国军的残部和部分反日山林队，建立党直接领导的绥宁反日同盟军。

就这样十几个人一日三餐，每天饭

桌上都会出现热气腾腾、香喷喷的高粱米干饭。大家都很惊讶，这么多的粮食从哪里弄来的呢？平时李大妈借一升小米熬粥，几乎要跑遍上马河，往往是空着手回来，现在小仓房里居然堆了几麻袋高粱米，少说也有几百斤。开始，李范五他们都以为是周保中带来的粮食，说他这是雪里送炭。周保中一听笑了："到你们这块红地盘，我还用背着粮食下山吗？"李大妈笑着给每人盛了一碗冒尖的干饭说："这是马河、后地的反日会员背着伪自卫团给你们送来的，宁安县这面抗日大旗，全仗着山里的周保中和你们擎着呢！"

送走周保中后的一天，从李大妈家的院子里传出悲凄的哭声。李范五仔细一看，是双莲她们在哭。平时爱说爱笑、活泼可爱的姐妹整天唱着"打倒列强、打倒列强"的革命歌曲，每次县委开会都是她们在院外放哨，一旦发现有人向小河套这边走来，就会听见她们在院外连声喊着"噢呦，老鹞子叼小鸡来了"。

今天她们怎么哭得这么伤心，姐姐宝莲看到妹妹那么伤心，也呜呜咽咽地哭了起来。

"双莲，快别哭了，去把脸洗洗，妈拣萝卜要回来啦，她要看你眼睛哭得通红，还不拧你！你小声点儿，别让人听见。"

"你就是胆子小，怕什么？妈要把我往死路上逼，我就跟县委的李大个子（李范五）讲，周保中我也认识，叫他们给我出主意。"

"周叔叔、李叔叔他们打日本鬼子救中国，够苦够累的了，饿坏了他们会误大事的。妈也是没有办法，才不得不让你这么小就去地主家做苦工挣高粱米。要是今年收成好了，咱们就可以多出些粮食让你再回来。你可千万不能再哭闹了。"说完两人抱头痛哭起来。

没过多久，县委机关的人都发现双莲不见了，大家很快知道李大妈为了让县委和山里来的同志们吃饱肚子打日本人，实在没办法了，才让心爱的女儿去地主家做苦工挣粮食。可想而知作为一个母亲，她是忍受着怎样巨大的痛苦才作出这个决定的，世上哪有母亲不心疼自己的孩子呢？但她想到抗日，想到马莲河许多百姓家破人亡，她狠心作出了牺牲。李大妈不是党员，只是一名普普通通的农村妇女，仅仅是一名反日会会员，在那个国难重重的年代里，她却为抗日救国作出了如此大的贡献。

1934 年春，由于工作需要，县委决定派她的独生子李奎明和媳妇黄秀芝到密山开展地下工作，李大妈没有反对，高兴地接受了组织的安排。后来，李大爷调到满洲省委当交通员，李大妈也去了哈尔滨，住在三十六棚，以卖香烟为掩护。几年后，李大爷就被捕入狱，死在牢里了。从此李大妈和党失去了联系，靠给三十六棚的工人洗衣服为生，最后因生活所迫，她又回到了宁安乡下。

李大妈的一生是平凡的，默默无闻的，甚至没有人知道她的真实姓名。然而正是有了千千万万像李大妈这样的人民群众，作出平常而又不平常的贡献，才使得东北的抗日斗争闯过无数难关，才使祖国获得了解放，人民才有了今天的幸福生活。

（本文由牡丹江市博物馆和烈士纪念馆管理处供稿）

吕司令曾住过我家

文 / 刁白露

惊悉开国上将吕正操逝世，享年一百零五岁。吕正操将军对冀中这片土地有着很深的感情，冀中人民也十分爱戴他。记得小时候，外祖父岳文增曾经给我讲过吕正操司令员在我家借宿的故事。

大约 1939 年冬，一天夜里，在外祖父的老家——河北省深县（今深州市）唐奉乡双井村，村长领着两名军人来到外祖父家。村长说："这家是抗属，一个女儿（我妈妈），一个儿子（我舅舅），都是抗日干部，司令部住这里吧！"

过了几个时辰，一队人马进驻外祖父家后院。只见一个高个子军官身后有一匹枣红色高头大马，马背上还有一个小猴子（据说猴子看马）。后来村长告知说，那个高个子军官就是大名鼎鼎的吕正操司令员。

吕司令平易近人，他拿出米袋叫我外祖母做饭。那年头，外祖母、外祖父没见过大米，不知道怎样做，又不敢多嘴去问，就按当地农家习惯把家里的小米掺上蒸了混合饭。吕正操很高兴地说："头一次吃二米饭，好吃！"

外祖父还说，小猴子也吃了米饭，马吃了生米和外祖父喂驴的草料。那一夜，司令部里有说有笑。第二天黎明，队伍离开了村子。

1947 年，我出生在解放石家庄的战火中，父母进城后都在市政府工作。为了让我父母更好地工作，外祖父、外祖母舍弃了祖宅和田地，进城看孩子、做家务。

吕正操将军活了一百零五岁，我的外祖父活了八十七岁，外祖母活了九十岁，我的父母都活了八十五岁。我怀念吕司令员，怀念我的外祖父、外祖母，怀念我的父母。

（本文选自《河北青年报》）